大运河

发现、传承流动的文化

帝都绘工作室 著

北京联合出版公司
Beijing United Publishing Co.,Ltd.

自序

创作这本书时，我们在想什么？

经过一年半的创作，《大运河》终于和你见面了！这是帝都绘工作室继《长城绘》和《中轴线》之后，创作的第三本关于中国线性文化遗产的图解书。

相较于长城和北京中轴线，大运河的知名度似乎要低一点，在很多人的眼里，大运河“不过是一条挖的时间足够久、长度足够长的河”。的确，在这本书的创作初期，我们对它的认识也不过如此。相较于早已成为中国国家符号的长城以及2024年7月申遗成功的北京中轴线，尽管大运河流经了我国经济、文化发展的前沿地区，滋养了超过一亿的人口，还于2014年成功入选《世界文化遗产名录》，但获得的关注一直不如前两者多。不得不说，大运河太低调了，以至于我们一开始都不知道从哪里入手，用一整本书的篇幅去呈现它。

于是我们尝试回到原点，回到大运河最本质的属性——一条交通线路。当我们从这个视角去重新理解大运河时，终于可以慢慢看清楚它的样子了。

如果有人提问中国古代最伟大的交通工程是什么，或许你一时间想不出对应的答案，但如果把大运河作为这道题目的选项之一，相信没有人会不选择它。自公元前486年开凿，这条纵贯中华大地南北的宏大交通工程历经了从春秋战国直到中华人民共和国成立后的诸多历史时期，总修建里程约3200千米，是世界上建造时间最早、使用最久、空间跨度最大的人工运河，是名副其实的“超级工程”。大运河已经深深地融入了悠久辉煌的中华文明，并成为一颗耀眼的明珠。

对于一个大国来说，超级交通工程往往会对国家地理结构和经济结构起到重要的重塑作用，就像西伯利亚铁路之于俄国（从沙皇俄国到其后的苏联、俄罗斯）一样，大运河将海河、黄河、淮河、长江、钱塘江五大水系纵向连通，成为南北交通大动脉，并通过浙东运河、广通渠等分支运河及一系列的港口和陆地道路形成一个网络，与其他几条大河和陆地干道共同在中国东部形成了一个类似“彐”形（或者“手掌”状）的交通系统，巧妙地将华北、华东、华中的6省、2直辖市乃至更广阔的地域连成一体。在千年的尺度上，大运河作为沟通中国南北方七大地理单元的枢纽干线及经济主轴，其战略和经济价值一直延续至今。

对于一条交通线路来说，最引人瞩目的焦点往往不是线路本身，而是它所串接的一座座城市——北京、天津、沧州、德州、济宁、淮安、扬州、镇江、苏州、杭州、宁波、开封……这些城市各具特点，像一颗颗明珠，被大运河串成了一条“闪亮的项链”。除了这些城市，还有更多的城镇因运河通而兴盛，因运河废而衰落。在这些地方，你都能找到运河留下的印迹，即使它并不显眼，甚至十分隐蔽。

虽然被城市抢走了不少风头，但交通线路也有属于自己的华彩段落。大运河是世界航运工程史上的奇观，自然有属于自己的工程杰作。因为大运河流经区域的地形、气候和自然条件不同，在各地面对的工程挑战也不同：北方地区干旱缺水、地形起伏大，运河需要集结山泉河湖来补充水源，并巧妙利用高差，通过建造弯道和各类水利设施实现河水的自主流动，保证运河的通航；南方地区河网纵横，运河建设则需要尽可能广泛地借道河流、湖泊来实现水道连通。贯穿南北的大运河免不了与其他自然河流交汇，堪称挑战的便是要设法穿越富含泥沙、频繁泛滥、时常改道的黄河。

面对种种工程难题，充满智慧的古代工程师们采用了各种创造性的解决方案，将大运河变成了历代水利工程技术成果的“展览现场”，大运河上许多水工设施在当时都是领先世界的，也令现代人赞叹不已。例如北宋时期建造的船闸，它的布局和运用方式已经与近代船闸相差不大，比欧洲船闸早了约400年。明清时期建设的清口枢纽，是集引水、调节、防洪、监测于一体的大型水利枢纽工程，堪称人类水利技术的杰出范例。仰赖于这些先进的水利设施，大运河得以翻山越岭，穿江过河，流淌千年。只不过，大运河上的这些工程设施体量都太大了，大到以个人视角根本无法看到工程的全貌，反而降低了人们对这一伟大工程的感知。

工程上的成就并不是运河价值的全部，对于任何交通工程而言，线路只是舞台，使用者才是真正的主角。无论是横贯欧洲的东方快车、横穿美国的66号公路还是行驶在日本海滨的江之岛电铁线，每条“出圈”的交通

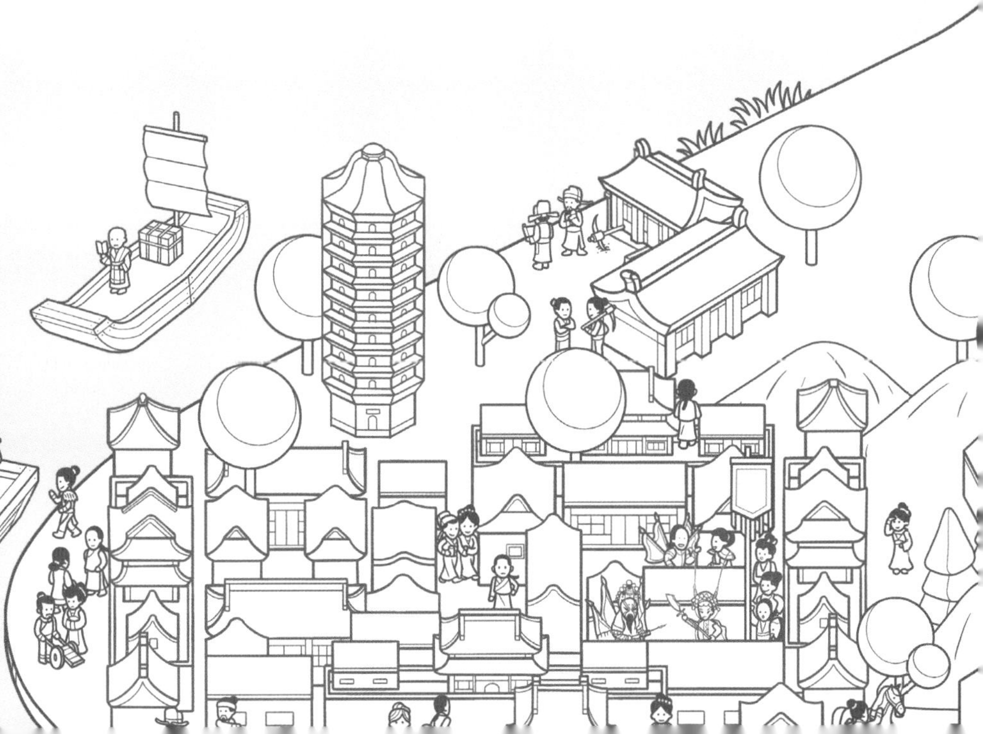

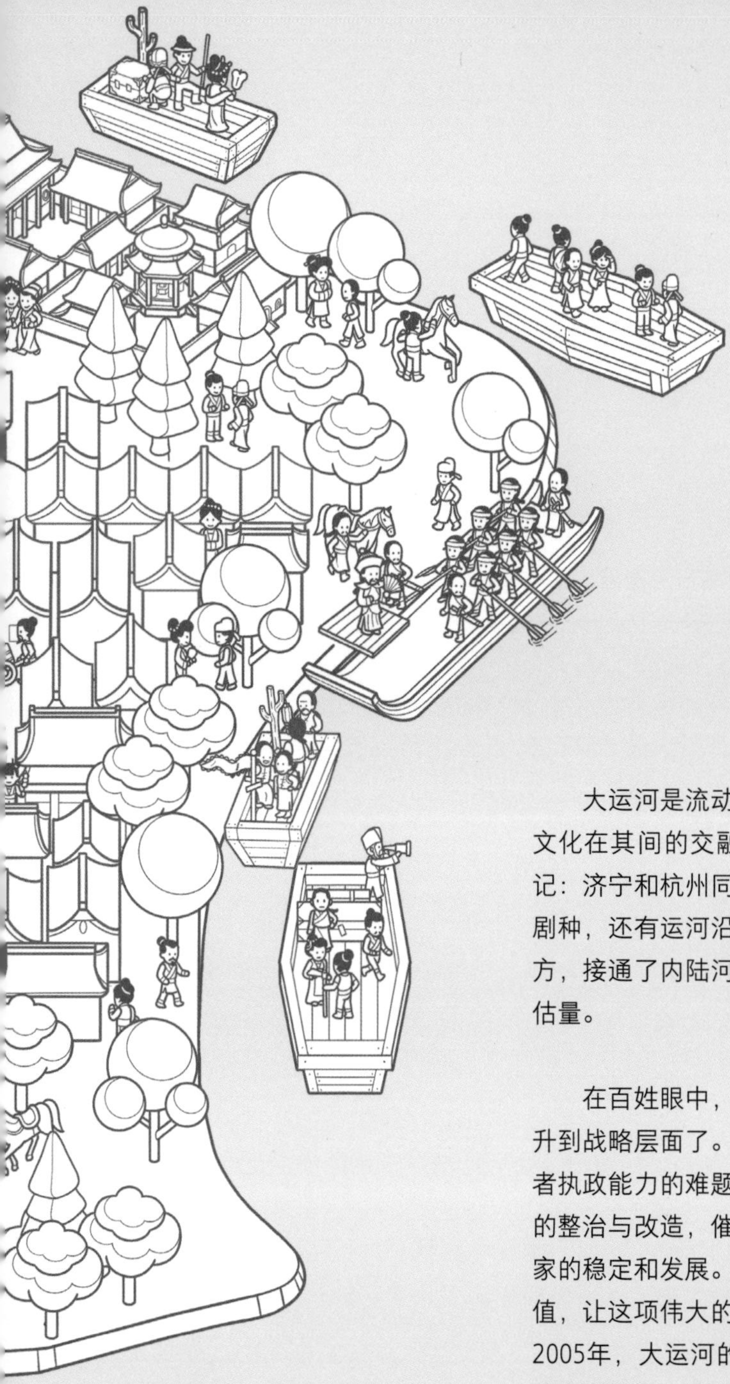

线路上，都承载着脍炙人口、流传久远的传奇故事。

大运河也是一样，修建它的最初目的是满足中央王朝调集军队以及运输粮草的需要。但除了这些官方用途，大运河还是无数普通人生活的舞台：江浙一带的刺绣匠人们织造的丝织品通过运河售卖；临清砖窑烧制的砖块沿运河运往京城；万千学子每年乘船北上进京赶考。因为借助运河生活和劳作的人太多了，难免会遇到熟悉的身影：李白、苏轼、刘禹锡等人在出游和任职时都曾假道大运河；“旅行专业户”徐霞客更是大运河的“常旅会员”；没有大运河，隋炀帝说不定就不会遇刺……有了这些形形色色依托于运河的人与物，大运河不再是冰冷的工程，而成为承载着中华民族历史与回忆的文化遗产。

大运河是流动的，这种“流动”不仅是旅人和物品的运转，更是各地的多元文化在其间的交融。我们现在依然能见到许多与大运河密切相关的文化交流印记：济宁和杭州同名为“竹竿巷”的街道，因徽班进京而在运河沿线派生出的新剧种，还有运河沿线遍布的寺庙和教堂……大运河在地理上和文化上连接了南北方，接通了内陆河道与海上丝绸之路，它对中国古代经济与文化交流的贡献难以估量。

在百姓眼中，大运河是承载生活的舞台，而在宏观视角，大运河的价值便上升到战略层面了。如何让如此浩大的工程顺利实施、运行，是一道十分考验统治者执政能力的难题。施工人员的组织和调动、漕粮物资的调配和运输、河道淤塞的整治与改造，催生出许多维护和管理运河的制度、机构和岗位，深刻影响着国家的稳定和发展。而到了现代，随着航运功能的弱化，如何诠释大运河的文化价值，让这项伟大的交通工程升华为中华文明的文化符号，便成为当下的新议题。2005年，大运河的整体保护观念被提出，9年后中国大运河成功入选《世界文化遗产名录》，让中国的世界文化遗产中，有了大型交通工程的身影。

大运河并非是一成不变的，相反，它一直在流动、生长。作为服务于社会的国家基础设施工程，大运河相比于其他文化遗产似乎更具有亲和力，因为它不只代表沉寂的过去，还持续陪伴着沿线市民的现代生活。我们相信，对于一条交通线路而言，使用是最好的保护。或许我们会更珍视那些在博物馆和旅游景区里的文化遗产，而忽视那些就在我们身边、每天还被使用着的文化遗产。但仍有使用价值不正说明文化遗产的状态良好吗？“活古董”与“死文物”，哪个更打动你？

由一条交通线路引发如此多的思考，这大大出乎了我们的预料。我们将这些思考采用信息可视化理念绘制成了图解，希望你在阅读时能够从更多样的角度看到大运河的价值。

不过我们并不满足于只采用传统的图解方式来画大运河，毕竟对于一条交通线路而言，使用者也是不容忽视的主角，因此我们在策划阶段便提出了一个比较大胆的设想——将书分解成两个部分。第一部分与工作室以往出品的图解书类似，我们管它叫“大运河完全指南”，指南中每页的标题起到了提纲和目录的作用，方便你快速检索每一页的主要内容；第二部分则是一张由真实地图经过变形处理而成的“大运河百景图”，它不仅是一张漂亮的画，还是一个游戏棋盘，里面隐藏着许许多多在大运河上真实发生的精彩故事，你在阅读“大运河完全指南”的同时可以慢慢去解锁故事的内容。两个部分的知识含量都很高，但彼此并不重叠，只有全部看完、玩完之后才能感受到更真、更鲜活的大运河！

最后，感谢大运河文化遗产专家陈怡对本书的鼎力支持，她对于大运河的独特理解为我们展现出了一条全新的大运河；感谢中国国家地理 · 图书的大力支持，让我们将我们对本书的特别策划完美地付诸实施，并以极高的质量呈现在你的眼前！

不多说了，赶快开始你的大运河之旅吧！

帝都绘工作室

目录

每页的标题都是一句话，组合起来就是一段对大运河的简单概述。
你可以将这些标题连起来读，先热热身！

01 一河通南北

35 一河兴土木

55 一河运万物

75 一河亘古今

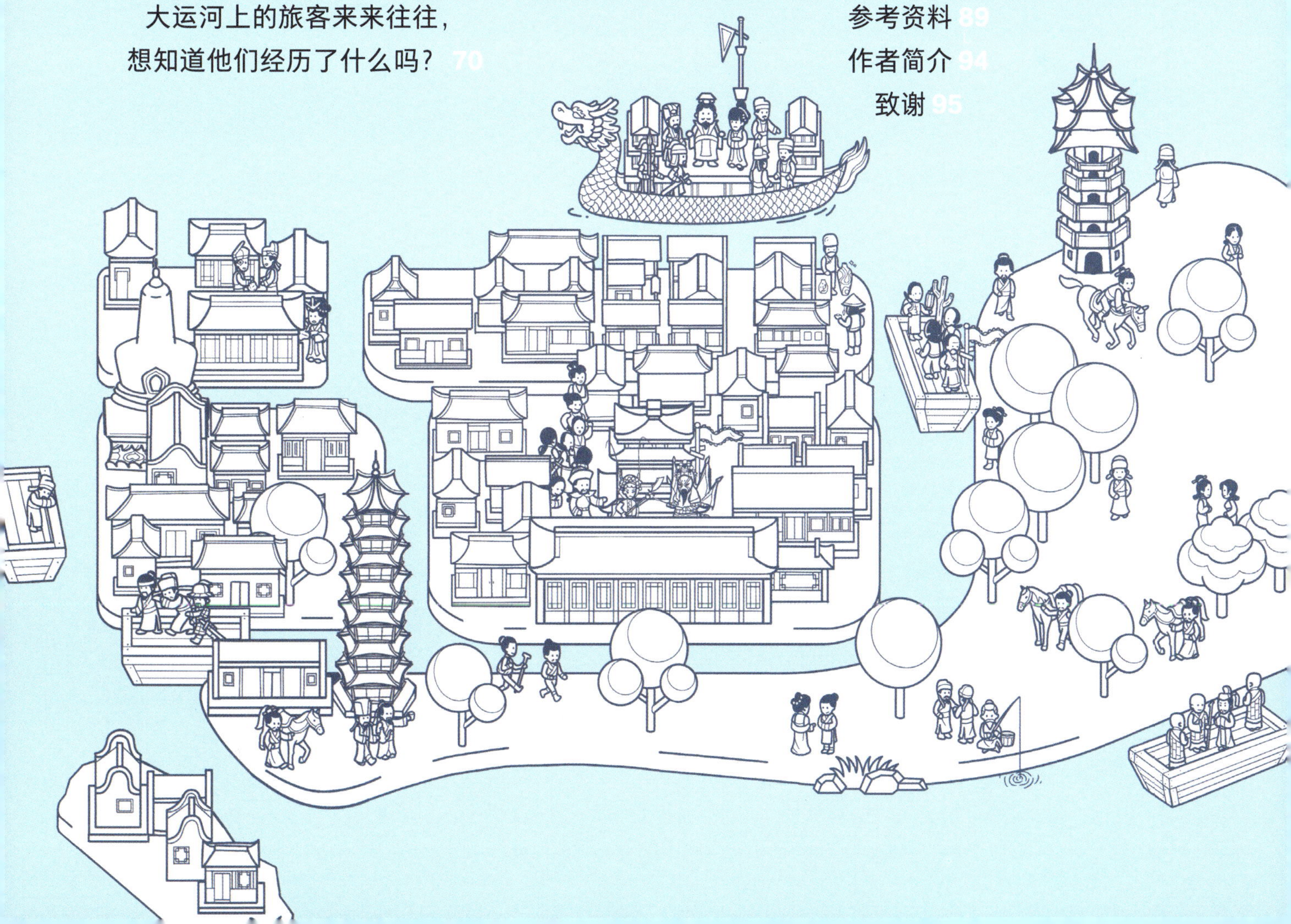

如何阅读这本书？

我们想以一种更活泼的形式来诠释大运河，所以这本书也有新的阅读玩法。
如你所见，这本书分为两部分：**大运河完全指南**和**大运河百景图**，我们建议你**同时阅读**它们。

❶大运河完全指南

本书的主体部分是关于大运河的知识图解。
这是一本总览型读物，读完它你将对大运河是什么、如何开凿、如何使用、如何保护形成整体的认知。
但这远远不够！要想了解更多关于生活的、故事性的细节，请与大运河百景图一同阅读。

在每章的结尾，会提示你打开大运河百景图，根据书上的线索，探索更多发生在运河上的故事。

打开章节页的拉页，你就能知道对应问题的答案。

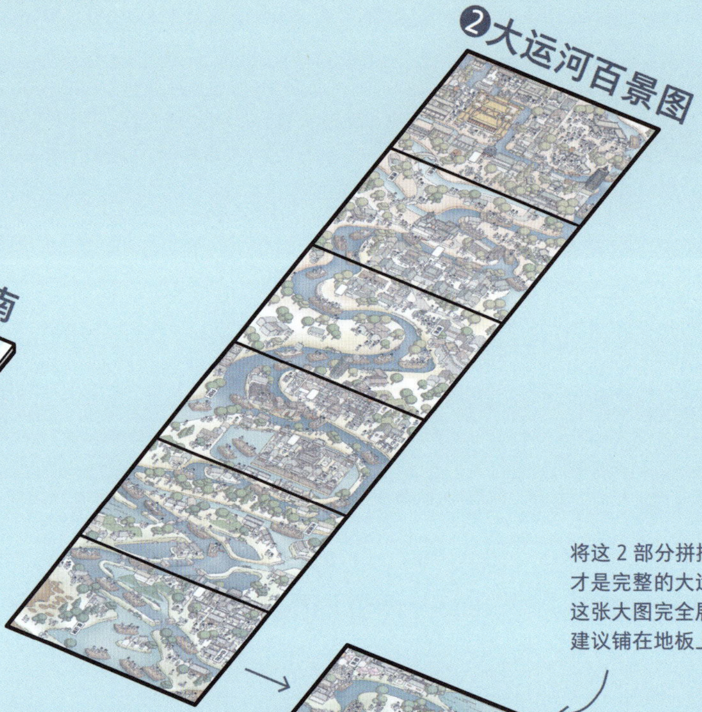

将这 2 部分拼接起来，
才是完整的大运河百景图！
这张大图完全展开可达 2 米！
建议铺在地板上看。

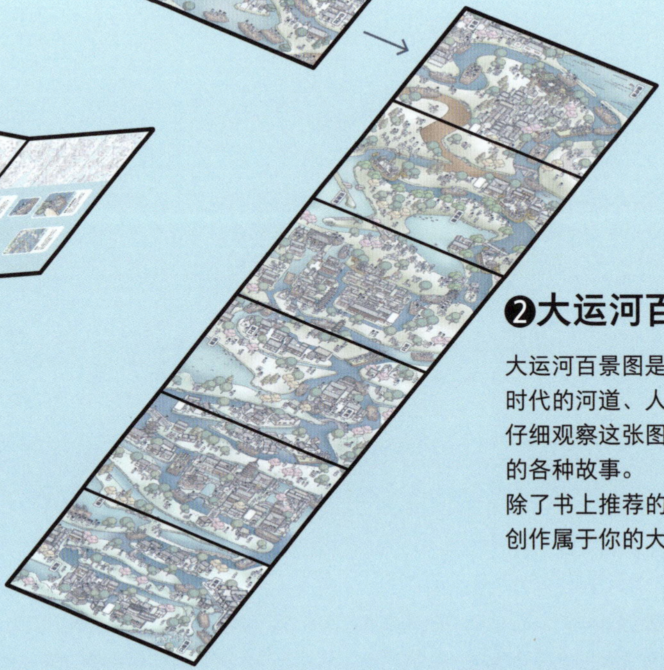

❷大运河百景图

大运河百景图是一幅充满了故事的画，不同时代的河道、人物、船只和建筑穿插其中。
仔细观察这张图，你会发现发生在大运河上的各种故事。
除了书上推荐的玩法，你还可以尽情涂画，创作属于你的大运河故事！

→

现在，开启你的大运河阅读与探索之旅吧！

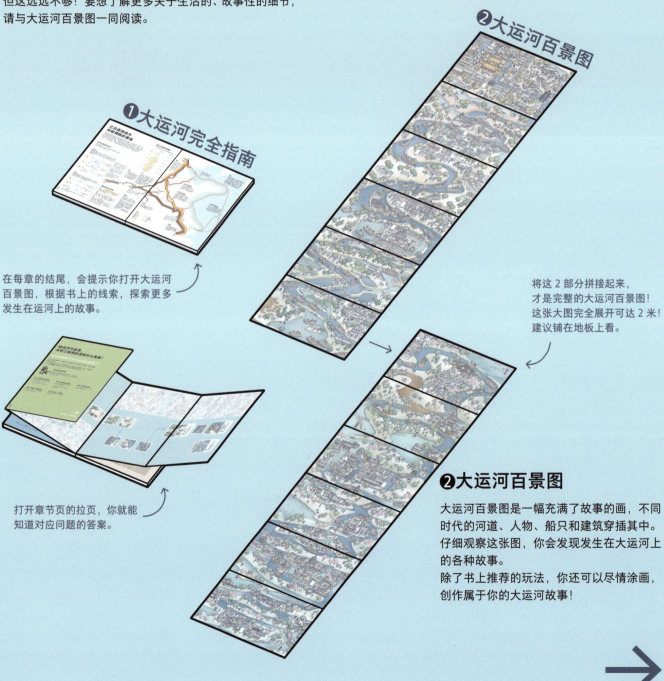

01
一河通南北

看，这就是中国大运河！
它很古老，足足修了两千多年，
它很长，在世界运河中排第一！

它北起北京，
流经天津，穿越海河，
向南途经沧州，在临清分支，
擦过山东丘陵，至济宁，巧过黄淮，入淮安，
下扬州，跨长江，
转江南，绕苏州，
直抵钱塘江畔的杭州。
隋唐时期，它还西接开封和洛阳。

大运河所到之处，生长出无数城镇，
它是中国古代真正的交通大动脉，
也和其他伟大工程一样，成为了舆论焦点……

看，这就是中国大运河！

很多人以为大运河就是一条河道，但事实上它是千年来人工开凿的河道、附属的湖泊以及各类水利设施汇集而成的庞大系统。它不是孤立的、仅属于某一个时代的、只有单一功能的河流，它在历史上有多种不同的形态和路线，到现在仍然在发挥航运作用，并影响沿线人们的生活。可以说，这是一条跨越地域和时间的河流。

隋唐大运河

至隋代，隋炀帝开凿了以洛阳为中心，南至余杭，北到涿郡的大运河。大运河加强了南北的沟通与联系。唐代继承了隋代的运河系统，宋代也享受了运河带来的便利。

元代大运河

元代定都北京后，政治中心移到北方。在运河的原有基础上，弃弯取直，不再绕道洛阳，开凿更便捷的新路线，基本稳定在现在的路线上。

明代大运河

明代迁都北京后，为了实现南粮北运，对大运河进行了多次整治改造。

清代大运河

到清代，京杭大运河仍然是漕运的生命线。清后期，国力日益衰微，黄河决溢频繁，大运河在咸丰年间全线断航。

卫河
渭河
黄河
通济渠
洛阳
西安

历史上的其他运河

除了知名度较高的京杭大运河，中国历史上还有许多运河，它们大多是为了军事和运输粮食而开凿，有的后来成为京杭大运河的一部分。

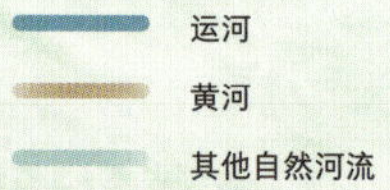

运河
黄河
其他自然河流

灵渠

灵渠位于广西兴安县，在公元前 214 年凿成通航，分为北渠和南渠。灵渠通过连接海洋河（湘江上游）和大溶江（漓江上游），沟通了长江和珠江两大水系，2018 年入选世界灌溉工程遗产名录。

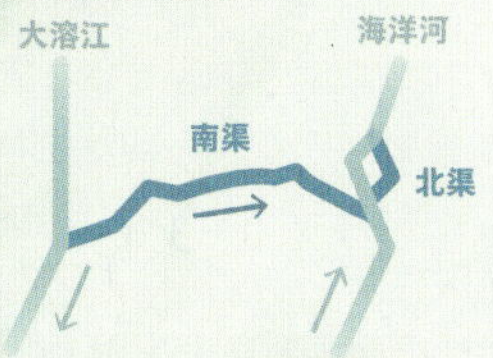

大溶江
海洋河
南渠
北渠

鸿沟

鸿沟是兴建于战国时期的人工水系，它沟通了黄河和淮河，对魏国的军事、经济都有积极作用。鸿沟经过了多次改建，下图展示的是汉代的路线。

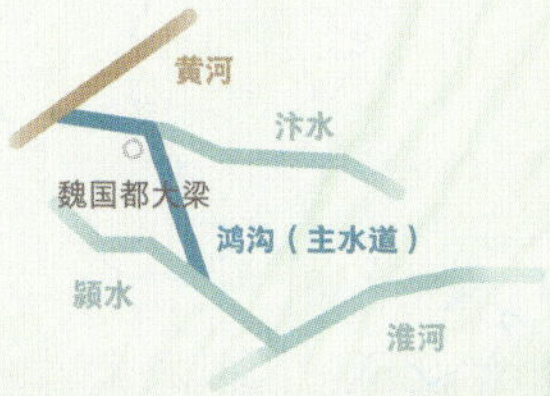

黄河
汴水
魏国都大梁
鸿沟（主水道）
颍水
淮河

关中漕渠

西汉时期，从关东产粮区运粮到长安的主要水路运道是黄河与渭水。关中漕渠与渭水平行，但坡度小、路程短，运输效率更高。后来隋唐两代都曾重开漕渠。

黄河
渭水
长安
关中漕渠

通惠河
北运河
南运河
会通河
中运河
淮扬运河
江南运河
浙东运河
永定河
坝河
北京
天津
海河
子牙河
沧州
马颊河
德州
徒骇河
黄河
临清
漳河
聊城
泰山
东平湖
大汶河
小汶河
梁济运河
济宁
新乡
开封
郑州
商丘
废黄河
微山湖
不牢河
徐州
宿迁
废黄河
淮河
淮安
邗沟（先秦路线）
洪泽湖
宿州
高邮湖
邵伯湖
扬州
淮河
镇江
长江
常州
无锡
苏州
太湖
頔塘运河
东苕溪
嘉兴
钱塘江
杭州
绍兴
宁波
富春江
长江
水路即戏路
运河不光运输实物，还促进了南北文化的沟通与交融。京剧就是很好的例子，它的产生和繁荣与四大徽班沿大运河进京献演有密切关系。
运河水脊
泰山附近的南旺是大运河全线海拔最高处，如何翻越这道“运河水脊”成了一个难题。
沿运河行走的文人
无数文人曾经行走在大运河上，如李白、白居易、苏轼等，他们留下了无数诗篇。
与黄河博弈数百年
黄河与运河关系复杂，历史上运河是否通畅与黄河息息相关。淮安的清口枢纽就是明清时期处理运河、黄河、淮河关系的水利工程系统。
皇帝们的南巡之旅
大运河开通以后，最重要的旅客便是各个朝代的皇帝。隋炀帝、明代正德皇帝、清代的康熙和乾隆皇帝都曾沿运河南巡，但他们的目的并不相同。
漕粮出发地
杭嘉湖平原是重要的产粮地，唐中后期开始，南粮北运愈发重要，这也让大运河成为唐王朝的生命线。
运河的南延伸
浙东运河是京杭大运河的延伸，是中国大运河遗产的一部分。它由人工运河和自然河流共同构成，沟通了内陆运河与外海。
图例
隋唐大运河
元代大运河
明代大运河
清代大运河
运河支流
自然河流
重要城市
古代海上丝绸之路

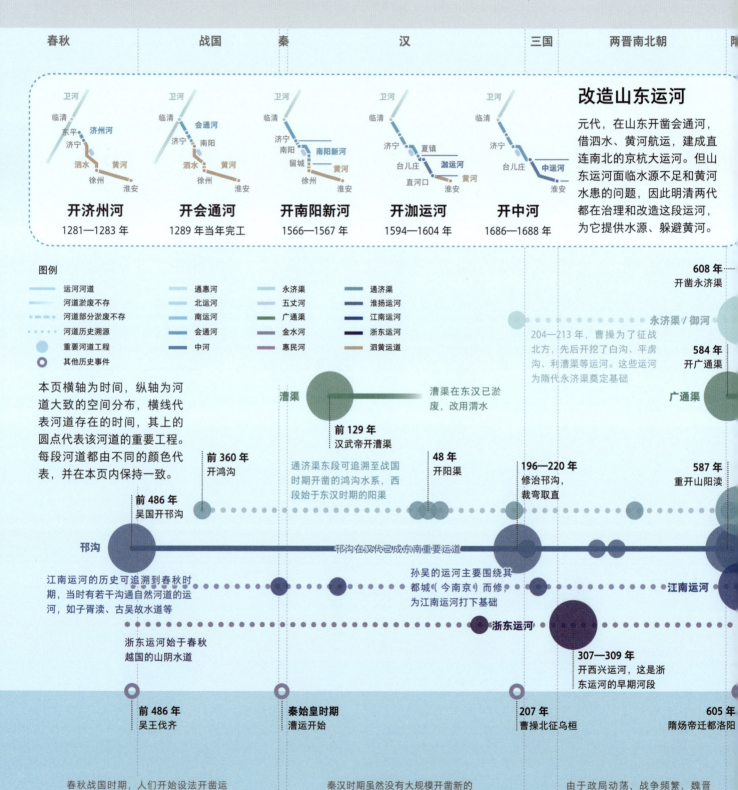

它很古老，足足修了两千多年

任何伟大的工程都不是一天建成的，大运河的兴建最早可追溯到春秋时期。最初，运河是为了军事用途在局部地区修建的，后来逐渐发展为跨区域的水运系统。运河的变迁也见证了两千多年来中国政治、经济中心的变化。各代不断开辟支流和改移河道，使大运河逐渐成为今天的模样。

右边依次展示了隋唐、北宋、元、明、清几个历史时期的大运河水系形态和河段名字。

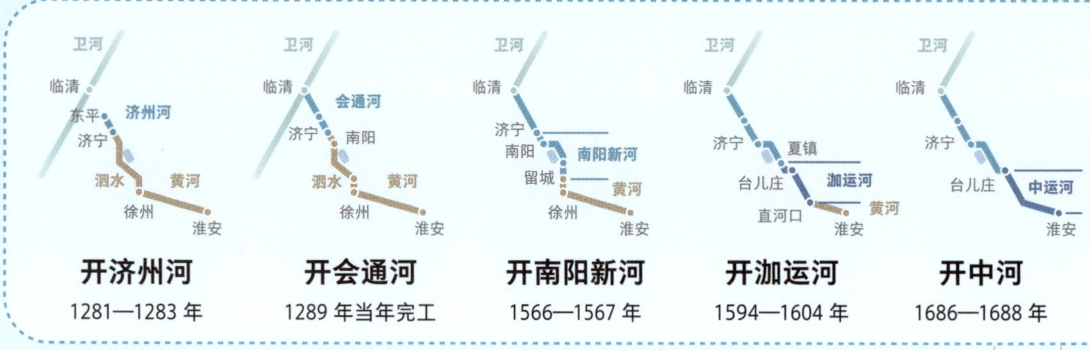
卫河
临清
东平
济宁
济州河
泗水
黄河
徐州
淮安
开济州河
1281—1283 年
会通河
南阳
开会通河
1289 年当年完工
南阳新河
留城
开南阳新河
1566—1567 年
夏镇
台儿庄
加运河
直河口
开泇运河
1594—1604 年
中运河
开中河
1686—1688 年

改造山东运河

元代，在山东开凿会通河，借泗水、黄河航运，建成直连南北的京杭大运河。但山东运河面临水源不足和黄河水患的问题，因此明清两代都在治理和改造这段运河，为它提供水源、躲避黄河。

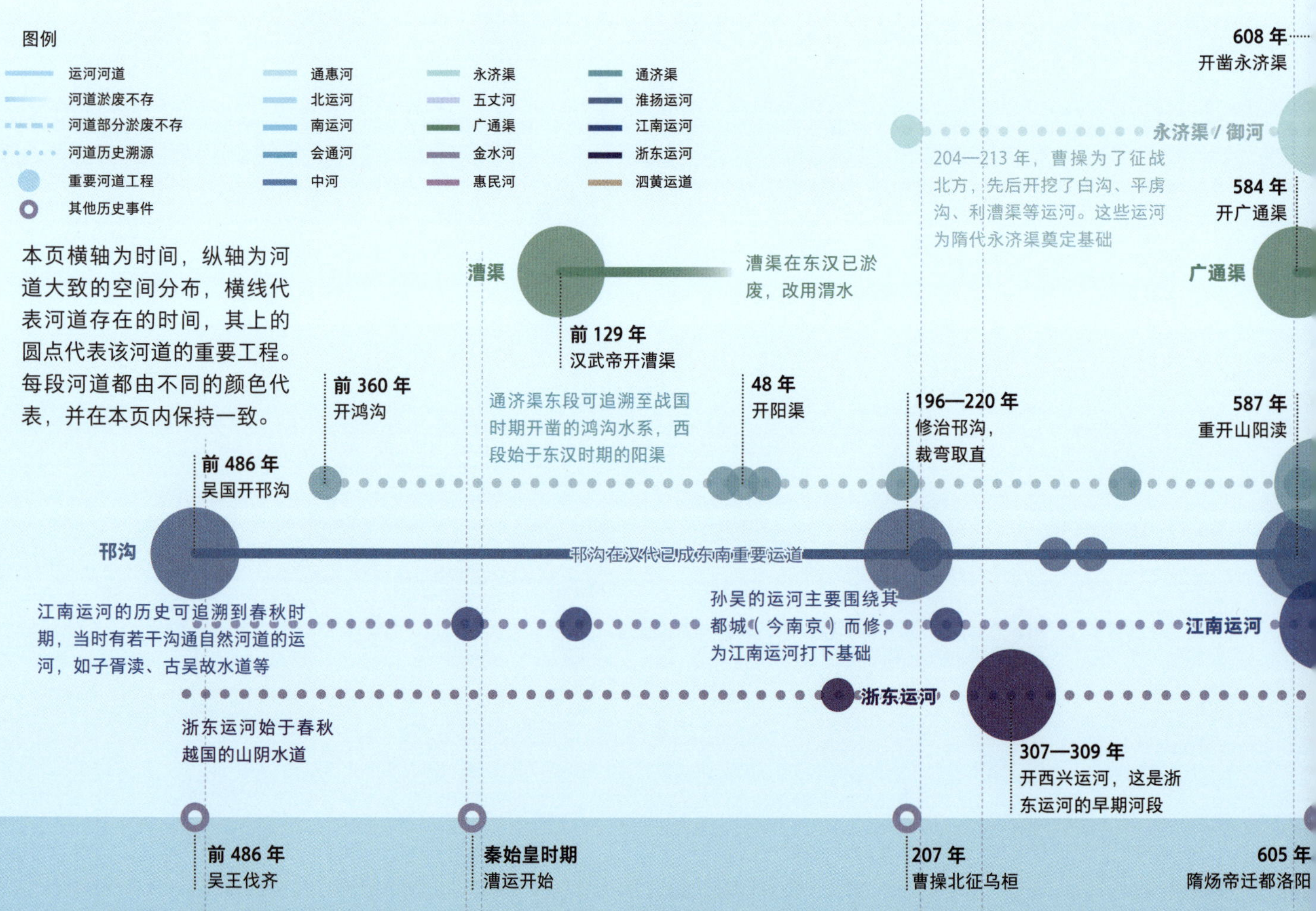
春秋
战国
秦
汉
三国
两晋南北朝
图例
运河河道
河道淤废不存
河道部分淤废不存
河道历史溯源
重要河道工程
其他历史事件
通惠河
北运河
南运河
会通河
中河
永济渠
五丈河
广通渠
金水河
惠民河
通济渠
淮扬运河
江南运河
浙东运河
泗黄运道
608 年
开凿永济渠
永济渠 / 御河
204—213 年，曹操为了征战北方，先后开挖了白沟、平虏沟、利漕渠等运河。这些运河为隋代永济渠奠定基础
584 年
开广通渠
漕渠
前 129 年
汉武帝开漕渠
漕渠在东汉已淤废，改用渭水
广通渠
前 360 年
开鸿沟
通济渠东段可追溯至战国时期开凿的鸿沟水系，西段始于东汉时期的阳渠
48 年
开阳渠
196—220 年
修治邗沟，裁弯取直
587 年
重开山阳渎
前 486 年
吴国开邗沟
邗沟
邗沟在汉代已成东南重要运道
江南运河的历史可追溯到春秋时期，当时有若干沟通自然河道的运河，如子胥渎、古吴故水道等
孙吴的运河主要围绕其都城（今南京）而修，为江南运河打下基础
江南运河
浙东运河
浙东运河始于春秋越国的山阴水道
307—309 年
开西兴运河，这是浙东运河的早期河段
前 486 年
吴王伐齐
秦始皇时期
漕运开始
207 年
曹操北征乌桓
605 年
隋炀帝迁都洛阳

本页横轴为时间，纵轴为河道大致的空间分布，横线代表河道存在的时间，其上的圆点代表该河道的重要工程。每段河道都由不同的颜色代表，并在本页内保持一致。

春秋战国时期，人们开始设法开凿运河，这时开凿的运河大多是区域性运河，沟通自然河流，规模不大。

秦汉时期虽然没有大规模开凿新的运河，但依托战国后期形成的运河基础，发展出全国性的水运网络。

由于政局动荡，战争频繁，魏晋南北朝时期临时开凿了许多运河来运输军队和军需。

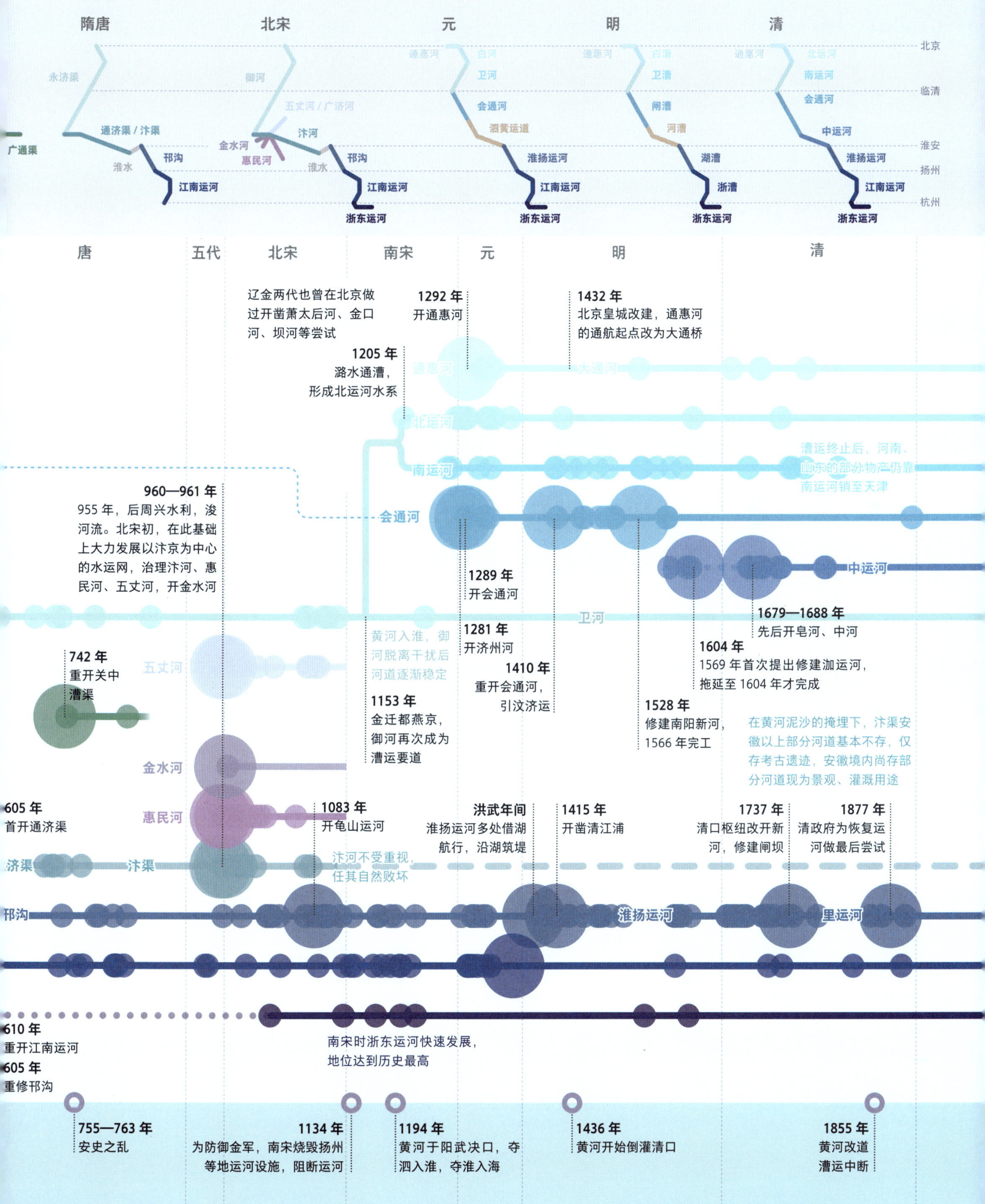
隋唐
北宋
元
明
清
永济渠
通济渠 / 汴渠
广通渠
淮水
邗沟
江南运河
御河
五丈河 / 广济河
金水河
惠民河
汴河
淮水
邗沟
江南运河
浙东运河
通惠河
白河
卫河
会通河
泗黄运道
淮扬运河
江南运河
浙东运河
通惠河
白漕
卫漕
闸漕
河漕
湖漕
浙漕
浙东运河
通惠河
北运河
南运河
会通河
中运河
淮扬运河
江南运河
浙东运河
北京
临清
淮安
扬州
杭州
唐
五代
北宋
南宋
元
明
清
辽金两代也曾在北京做过开凿萧太后河、金口河、坝河等尝试
1292 年
开通惠河
1432 年
北京皇城改建，通惠河的通航起点改为大通桥
1205 年
潞水通漕，形成北运河水系
通惠河
大通河
北运河
南运河
漕运终止后，河南、山东的部分物产仍靠南运河销至天津
960—961 年
955 年，后周兴水利，浚河流。北宋初，在此基础上大力发展以汴京为中心的水运网，治理汴河、惠民河、五丈河，开金水河
会通河
1289 年
开会通河
中运河
卫河
1679—1688 年
先后开皂河、中河
1281 年
开济州河
黄河入淮，御河脱离干扰后河道逐渐稳定
742 年
重开关中漕渠
五丈河
1410 年
重开会通河，引汶济运
1604 年
1569 年首次提出修建泇运河，拖延至 1604 年才完成
1153 年
金迁都燕京，御河再次成为漕运要道
1528 年
修建南阳新河，1566 年完工
在黄河泥沙的掩埋下，汴渠安徽以上部分河道基本不存，仅存考古遗迹，安徽境内尚存部分河道现为景观、灌溉用途
金水河
惠民河
605 年
首开通济渠
1083 年
开龟山运河
洪武年间
淮扬运河多处借湖航行，沿湖筑堤
1415 年
开凿清江浦
1737 年
清口枢纽改开新河，修建闸坝
1877 年
清政府为恢复运河做最后尝试
济渠
汴渠
汴河不受重视，任其自然败坏
邗沟
淮扬运河
里运河
610 年
重开江南运河
605 年
重修邗沟
南宋时浙东运河快速发展，地位达到历史最高
755—763 年
安史之乱
1134 年
为防御金军，南宋烧毁扬州等地运河设施，阻断运河
1194 年
黄河于阳武决口，夺泗入淮，夺淮入海
1436 年
黄河开始倒灌清口
1855 年
黄河改道
漕运中断

隋代经过统一的规划、建设，完成了中国运河历史上第一次南北沟通。唐代继承了这一运河体系。

北宋晚期战乱不断，淮河以北的大运河河道多已淤塞，以洛阳为中心的大运河体系逐渐结束。

元朝定都北京后，将运河原本的弓形走向改为南北直行，形成京杭大运河，实现了中国大运河第二次南北沟通。

在元代的基础上，明清两代投入了巨量的资源治理、改建大运河。清末，大运河逐渐中断，变为多条局部通航的地区性运河。

它很长，在世界运河中排第一！

世界上有 500 多条运河，分布在 50 多个国家，这些人类改造自然的工程滋养了 3000 多座运河城市和上万座运河村镇。从世界上里程最长、工程量最大的京杭大运河到连通亚非欧三大洲的苏伊士运河，从“世界桥梁”巴拿马运河到工业“黄金水道”曼彻斯特运河，各条运河除了经济功用外，还为运河沿岸及流经区域点亮了人文光彩。

全球运河长度 TOP5

1

No.1 京杭大运河 - 中国

京杭大运河长度冠绝全球，古代中国依靠运河建立了庞大而复杂的漕运体系。2012 年卫星遥感技术测得京杭大运河的长度为 1710 千米，大运河遗产河段主线长度约为 2681 千米（包括通济渠、卫河、浙东运河），如果加上复线、支线、引河等，则河段总长度近 3200 千米。

2

No.2 卡拉库姆运河 - 土库曼斯坦

卡拉库姆运河主要用于由阿姆河引水到卡拉库姆沙漠进行灌溉。

3

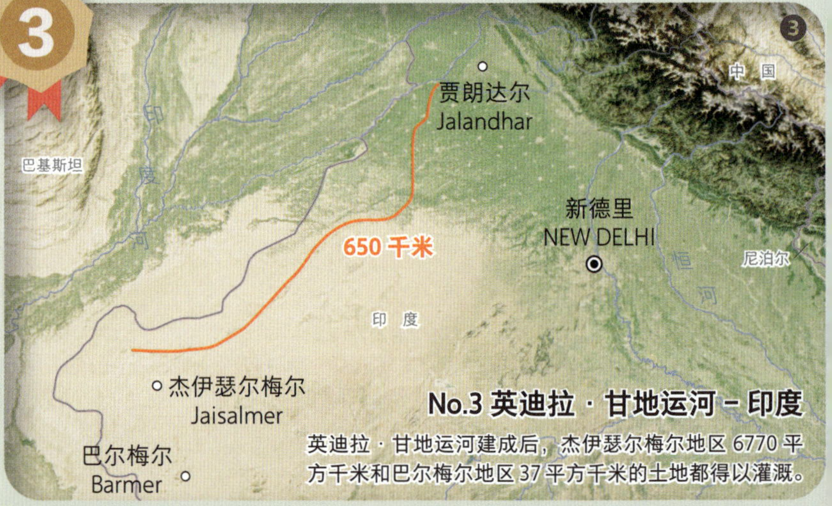

No.3 英迪拉 · 甘地运河 - 印度

英迪拉 · 甘地运河建成后，杰伊瑟尔梅尔地区 6770 平方千米和巴尔梅尔地区 37 平方千米的土地都得以灌溉。

No.4 伊利运河 - 美国

伊利运河连通了伊利湖和哈得孙河，彻底打通了纽约港和五大湖地区的水运线路，中西部货物到纽约港的运费从每吨 90 美元降低到 8 美元。

No.5 讷尔默达运河 - 印度

讷尔默达运河是印度第二长的运河，也是印度输水能力最大的运河。

运河是干什么用的？

世界上的运河根据主要功能可以分为灌溉类、动力类、通航类等。通航类运河中还包括根据自然地峡（连接两块较大陆地或大陆与半岛间的狭窄陆上地带）开通的运河，如巴拿马运河和苏伊士运河。很多运河兼具了多种功能，例如京杭大运河部分河段兼具通航、灌溉等功能。

动力类运河

印度
艾哈迈达巴德
Ahmadabad

纳尔默达运河－印度 532 千米

印度计划在纳尔默达运河启动一个太阳能发电项目：用太阳能电池板覆盖运河，这样既能产生清洁能源，又能减少水蒸发。2014年该项目已开始试点搭建。同 5

荷兰
安特卫普
Antwerpen
比利时
德国
列日
Liege

阿尔贝特运河－比利时 130 千米

阿尔贝特运河建设了创新型的综合泵站和水电厂，有助于对运河的水位进行管理，且可以产生可再生能，并分配给公共电网。6

法国
德国
福格尔格林
Vogelgrun
凯姆斯
Kembs
瑞士

阿尔萨斯大运河－法国 50 千米

阿尔萨斯大运河在凯姆斯、福格尔格林等地设有水力发电站，为法国部分工业化程度高的地区，乃至德国部分地区提供电力。7

地峡类运河

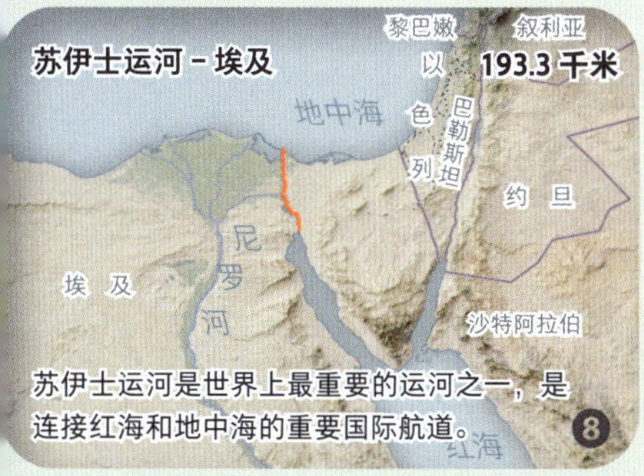

黎巴嫩
叙利亚
地中海
以色列
巴勒斯坦
约旦
埃及
尼罗河
沙特阿拉伯
红海

苏伊士运河－埃及 193.3 千米

苏伊士运河是世界上最重要的运河之一，是连接红海和地中海的重要国际航道。8

加勒比海
科隆
Colon
巴拿马
加通湖
巴拿马城
PANAMA
82 千米
巴拿马湾

巴拿马运河－巴拿马 82 千米

主要供美国东海岸－亚洲贸易航线的班轮使用。巴拿马运河开通后，美国东西海岸间的航程缩短了约 1.5 万千米。9

科林西亚湾
希腊
伯罗奔尼撒半岛
萨罗尼科斯湾

科林斯运河－希腊 6.4 千米

科林斯运河宽度只有 24.6 米，许多现代船只无法通过。目前它的经济作用不大，主要是作为旅游景点。10

通航类运河

俄罗斯
伏尔加格勒
Volgograd
伊利耶夫卡
Ilyevka
红军城
krasnoarmeysk

伏尔加河－顿河运河－俄罗斯 101 千米

该运河西起齐姆良斯克水库东岸，东至伏尔加格勒正南方的伏尔加河畔。西运的主要货物是木材，东运的主要货物是煤炭。11

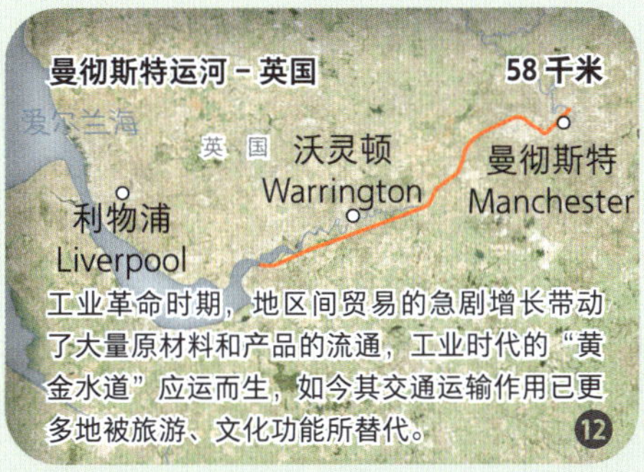

爱尔兰海
英国
沃灵顿
Warrington
曼彻斯特
Manchester
利物浦
Liverpool

曼彻斯特运河－英国 58 千米

工业革命时期，地区间贸易的急剧增长带动了大量原材料和产品的流通，工业时代的“黄金水道”应运而生，如今其交通运输作用已更多地被旅游、文化功能所替代。12

波罗的海
德国
北海
基尔
Kiel

基尔运河－德国 98.6 千米

基尔运河的通航具有重大的军事战略与经济价值。在两次世界大战期间，基尔运河都是战争双方拼死争夺的战略要点。13

世界运河长度排名

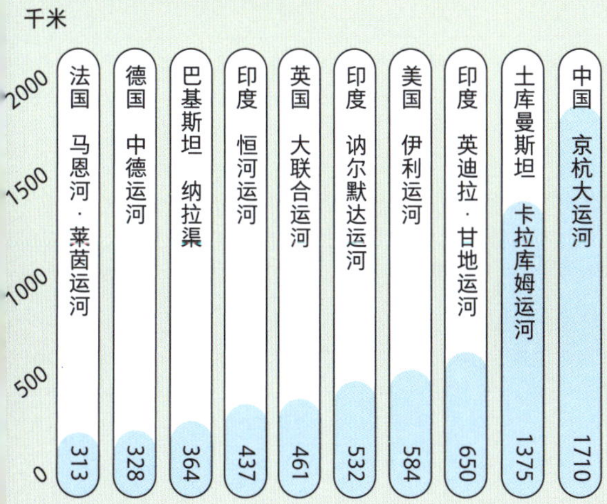

千米
2000
1500
1000
500
0
法国 马恩河－莱茵运河 313
德国 中德运河 328
巴基斯坦 纳拉渠 364
印度 恒河运河 437
英国 大联合运河 461
印度 讷尔默达运河 532
美国 伊利运河 584
印度 英迪拉·甘地运河 650
土库曼斯坦 卡拉库姆运河 1375
中国 京杭大运河 1710

本页展示的运河分别在哪里？

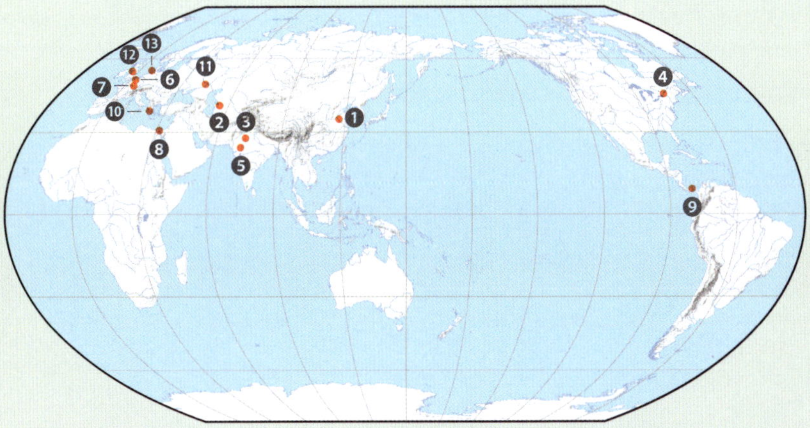

1
2
3
4
5
6
7
8
9
10
11
12
13

黑龙潭及龙王庙
白浮瓮山河
图例
现代京杭大运河
运河故道及相关河道
已消失的运河相关河道
其他河流
已消失湖泊
古城城址
大运河遗产保护线
世界文化遗产点
其他大运河相关构筑物
2.5千米
瓮山泊
玉泉山诸泉
颐和园绣漪桥
元大都
高梁河（东支）
明早期北京城
广源闸
高梁河
高梁闸
德胜桥
什刹海
银锭桥
澄清下闸
北新仓
万宁桥（澄清上闸）
东不压桥（澄清中闸）
玉河庵
南新仓
亮马河
车箱渠（三国）
金口河
玉河故道
禄米仓
金口河
庆丰闸
金中都
明清北京城
神木厂址
辽南京城
永定河
永济渠（隋唐）
永济渠（隋唐）
引用水源
在修运河
明清北京城
同时期城址
车箱渠
坝河
高梁河
坝河
金口河
高梁河
坝河
白浮瓮山河
高梁河
通惠河
城内河段逐渐湮废
城外河段丧失漕运功能
通惠河

粮食和货物被运到哪里了？

漕粮运至北京，存放在各粮仓中。元大都设有 22 座粮仓，分内外两司管理。明代共设有 4 座内仓和 11 座京仓。贮存漕粮的大型粮仓集中在东城，而木材、军需则进入东南部的建筑用料与军需仓库。清朝沿用了东城的漕粮仓，并且在东城墙外沿东直门、朝阳门、东便门与护城河之间增设了一系列官仓，在乾隆年间形成了著名的京城十三仓，加上通州中仓、西仓两座共 15 座。南新仓

南新仓

是明清两代都城的太仓之一，民国时曾改为军火库，现代曾为北京市百货公司仓库，现在成为文化休闲街区。

修修补补的运河

历史上北京的运河工程都因什么原因进行过何种调整？

三国

坝河河道最初开凿于三国时期，引车箱渠水，可灌溉但不能航运。

金

开凿金口河以解决坝河问题，未果，决堤崩岸，不久便将金口河堵塞废弃。

元

引玉泉水接济高梁河水系，汇入坝河，坝河自此通航并被正式命名。

元

元大都建成，在金闸河故道设计开凿通惠河，并引北山白浮泉水注入，以逐闸递运的方式运输漕粮。

明初

1412 年疏浚通惠河并重新通航。1432 年皇城改建，通惠河被阻断。因水源不足，通州与北京城间货运仅能陆运。

明中期

嘉靖七年（1528 年），通惠河得以修复，此次之后，通惠河维持通畅数十年。

它北起北京

北京位于大运河的最北端，是漕运的终点，让我们从北京开始认识大运河吧。隋唐时，北京是边防重镇，大运河为这片幽燕之地不断运送来补给和兵员。元代以后，北京成为国家的首都，大运河为巩固政权、给养人口、兴建宏伟的都城提供了畅达的快速通道。

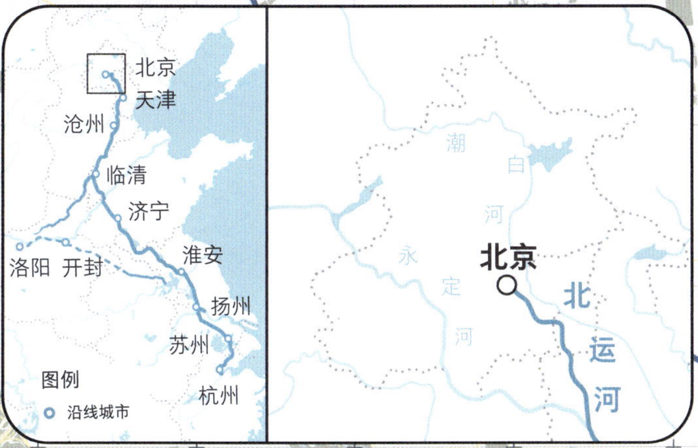

北京
天津
沧州
临清
济宁
洛阳 开封
淮安
扬州
苏州
杭州
图例
沿线城市
潮白河
永定河
北京
北运河

坝河
（金漕河故道）
温榆河
潮白河
运河减河
通济桥遗址
通州城北垣遗址
通州燃灯塔
元通州城
通惠河（金闸河故道）
平津上闸
永通桥及石道碑
通州西仓遗址
通州大运中仓遗址
明清通州城
北运河
玉带河
北运河张家湾明清正河道
广利桥
张家湾城
张家湾虹桥
皇木厂遗址
张家湾东门桥
花板石厂遗址
通运桥及张家湾镇城墙遗迹
上、下盐厂遗址
张家湾码头遗址
里二泗码头遗址
运粮河（辽）文明河（明）萧太后河（清）

临水而建的绿地

北京的水资源较为匮乏，天然水域尤其珍贵，临水的地方便成为人们休闲放松的好去处。颐和园、玉渊潭公园、朝阳公园、什刹海公园、亮马河公园、庆丰公园、坝河休闲公园、通州大运河森林公园等都依河道而建。挑个好天气出门走走吧！

通州

最初，北京的大部分粮仓集中在都城中，后增建部分漕仓在通州以辅助分贮。

在通惠河与北运河交汇处，设有旧时通州城的制高点——燃灯塔。该塔全称“燃灯佛舍利塔”，始建于北周，自唐代以来多次重修，留存至今。

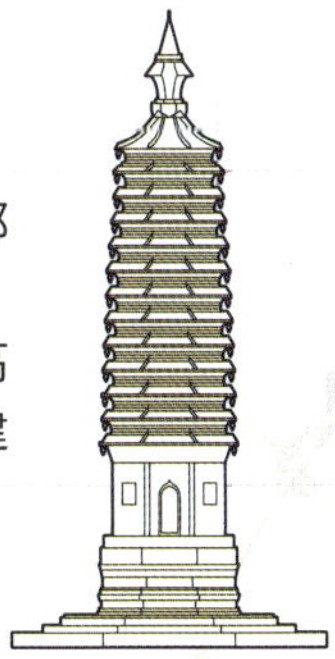

张家湾码头群

张家湾位于多条河流交汇处，地理优势使它成为交通枢纽。明前期通惠河未通时，张家湾是大运河的终点码头，各类物资在此转为陆运；通惠河浚通后，物资也需要在这里换乘小船进京。至明弘治初年，张家湾已经设有上、中、下三个码头群，张家湾镇的兴衰与码头息息相关。

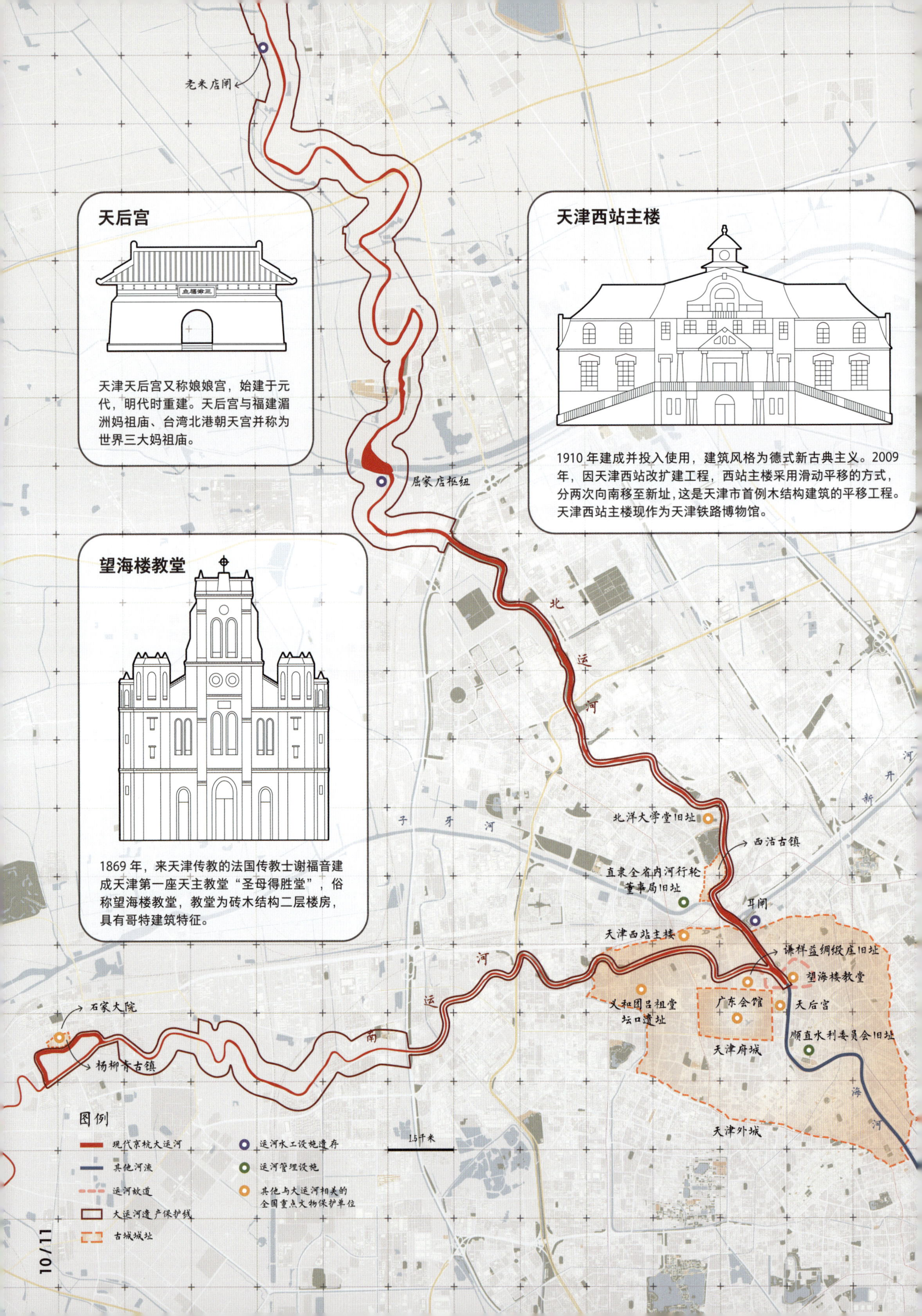
老米店闸
居家店枢纽
北运河
子牙河
新开河
北洋大学堂旧址
西沽古镇
直隶全省内河行轮董事局旧址
耳闸
天津西站主楼
谦祥益绸缎庄旧址
望海楼教堂
义和团吕祖堂坛口遗址
广东会馆
天后宫
顺直水利委员会旧址
天津府城
海河
天津外城
石家大院
杨柳青古镇
南运河
图例
现代京杭大运河
其他河流
运河故道
大运河遗产保护线
古城城址
运河水工设施遗存
运河管理设施
其他与大运河相关的全国重点文物保护单位
1.5千米

天后宫

天津天后宫又称娘娘宫，始建于元代，明代时重建。天后宫与福建湄洲妈祖庙、台湾北港朝天宫并称为世界三大妈祖庙。

天津西站主楼

1910 年建成并投入使用，建筑风格为德式新古典主义。2009 年，因天津西站改扩建工程，西站主楼采用滑动平移的方式，分两次向南移至新址，这是天津市首例木结构建筑的平移工程。天津西站主楼现作为天津铁路博物馆。

望海楼教堂

1869 年，来天津传教的法国传教士谢福音建成天津第一座天主教堂“圣母得胜堂”，俗称望海楼教堂，教堂为砖木结构二层楼房，具有哥特建筑特征。

北京
天津
沧州
临清
济宁
淮安
洛阳 开封
扬州
苏州
杭州
图例
沿线城市

北京
北运河
永定河
海河
天津
南运河
子牙河

流经天津，穿越海河

608 年，隋炀帝修建永济渠，沟通多个水系，于北京东南交汇入海。唐代典籍称此处为“三会海口”；宋代以后，“三岔河口”渐渐成为此地的称呼。南运河、北运河和海河在这里交汇，使天津成为北方水陆运输码头，天津的格局也由此而生。

因水而生的城镇聚落

天津水系

除了南运河、北运河与海河交汇的三岔河口，天津还形成了五河汇聚的布局——南运河、北运河、大清河、子牙河及永定河在三岔口汇入海河，流向渤海。

图例
东汉
隋唐
宋
金
元
明清
近现代
城镇聚落
泉州渠
沟河
永济渠
巨马河
巨马河
滹沱水
泒水
平虏渠
古海岸线
现代海岸线
沟河
北运河
巨马河
滹沱河
津海镇
直沽寨
大直沽
大沽口
界河
南运河
古海岸线
现代海岸线
蓟运河
北运河
永定新河
小直沽
大清河
海河
三汊口
子牙河
南运河
现代海岸线

沿水而生的“沽”

“沽”是天津的一条古河名，东沽河即今潮白河、蓟运河等，西沽河即今北运河、海河。沽河两岸的居住地名称多带有“沽”字，如三岔沽、大直沽、塘沽、汉沽等，因而天津旧时也有津沽、七十二沽、沽上等别称。

汉 - 隋唐

206 年，曹操为讨伐塞北开凿了多条运河，其中平虏渠与南运河位置相近。后隋炀帝在此基础上修建永济渠，运河的交汇处形成“三会海口”，成为天津最早的发祥地。

宋 - 元

金代在三岔河口一带设立直沽寨，后大小直沽、三岔沽等聚落相继出现。元朝漕粮北上需海运至大沽口，再经海河进入北运河，天津成为漕粮转运中心。

明清 - 当代

1404 年，明成祖将此地改名为天津，设立天津卫。1415 年废除海运后，天津的城市发展中心从大直沽移向三汊口、小直沽一带。经过数百年的发展，当代天津是中国超大城市、直辖市。

运河裁弯取直

由于河道曲折多弯、泄水不畅，1918 年有关部门对三岔河口处的海河河道裁弯取直，此后金钟河水源断绝，其城区一段成为废河。1953 年政府将这段河道填平修路，成为今天的金钟河大街。

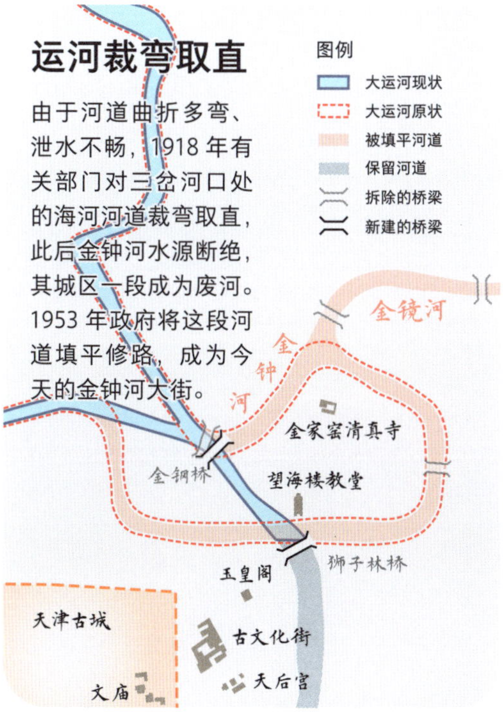
图例
大运河现状
大运河原状
被填平河道
保留河道
拆除的桥梁
新建的桥梁
金镜河
金钟河
金家窑清真寺
金钢桥
望海楼教堂
玉皇阁
狮子林桥
天津古城
古文化街
文庙
天后宫

运河如何防洪泄洪

不筑堤

清朝南运河上独流镇至杨柳青西岸无堤；自杨柳青至天津西岸堤高不过三尺。因为这一段东近运河，西连淀池，西岸不筑堤或筑矮堤，涨溢之水就可以宣泄入淀池，避免东岸被冲决。

减河

减河是利用天然河道或人工开辟新河道，来分泄江河超额洪水的防洪措施。天津因运河而建的减河有很多，如独流减河、马厂减河等，它们为城市的防洪提供了保障。

图例
运河河道
其他自然河流
现存历史减河
已消失减河
当代排水渠
无西堤坝河段
西堤坝较矮河段
北运河
青龙湾减河
蓟运河
筐儿港减河
杨柳青
独流
永定新河
海河
南运河
独流减河
大沽排水河
马厂减河
青静黄排水渠
子牙新河
北排水河

向南途经沧州

南运河自南而北汇入海河，催生了沿线一连串运河城镇。明代以前，今天沧州市区所在为长芦镇。大运河开通后，长芦的盐运、漕运和商贸活动更加活跃，沧州州治移至长芦，可以说运河影响了沧州城的选址和发展。

沧州范围内的运河全长约 216 千米，是京杭大运河流经里程最长的城市，市内河道长度约占全长的 1/8。

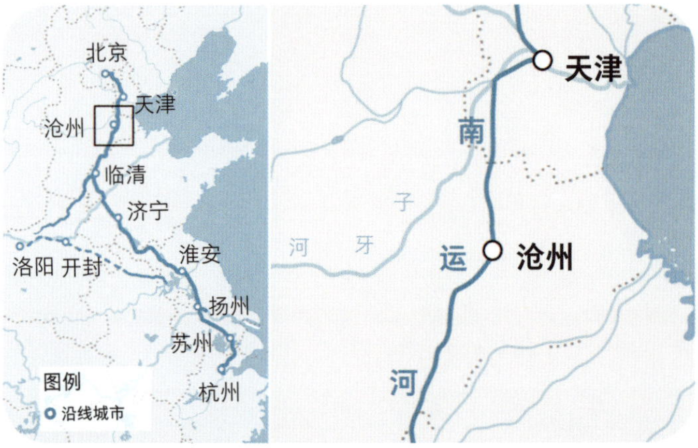

为什么沧州段运河拐这么多弯？

大运河沧州段约 216 千米的河道中竟有 230 多个弯！这是因为南运河的海拔落差达 20 多米，历代整修运河时设计了众多弯道，通过延长运河里程的方式，来降低落差与水平距离之比，从而保障通航顺畅，这种设计被称为“**三弯抵一闸**”。

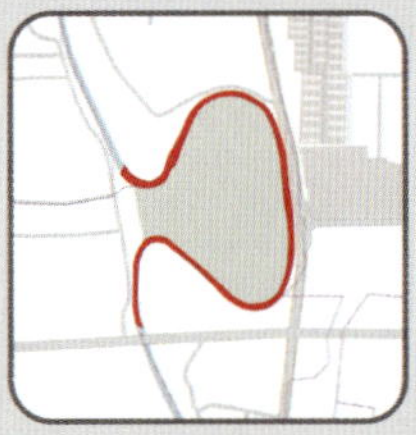

大运河湾公园“Ω”弯

百狮园大“几”字弯

古老的无棣沟

春秋前此河为齐国北界。秦时，方士徐福乘船由无棣沟出海东渡日本；隋末河道淤塞；唐贞观时重新疏浚，开辟水路码头，以通渔盐之利，使其成为北方重要的通海行商河道。现在，无棣沟是旱时蓄水、雨季排涝的沟道。

平虏渠

206 年，曹操为北征乌桓而开凿平虏渠，平虏渠沟通了白沟、泒水和滹沱河。据考证，平虏渠位置大致在今青县之东，约相当现在的南运河而稍偏东，为沧州南运河下游段的前身。

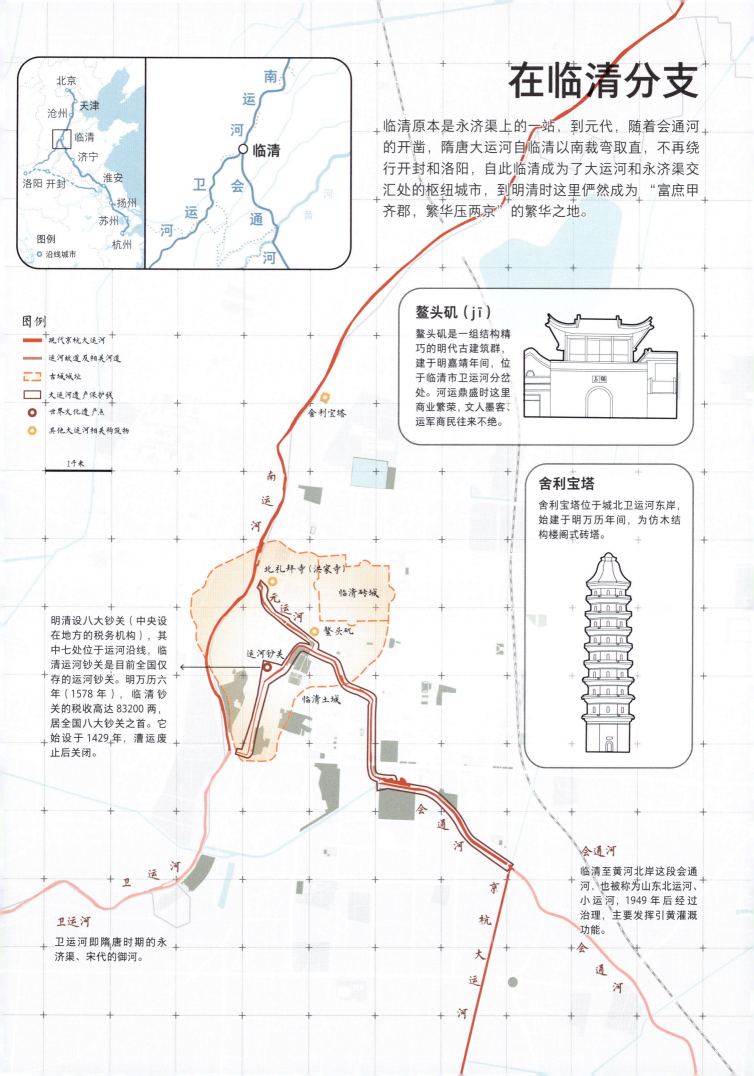

在临清分支

临清原本是永济渠上的一站，到元代，随着会通河的开凿，隋唐大运河自临清以南裁弯取直，不再绕行开封和洛阳，自此临清成为了大运河和永济渠交汇处的枢纽城市，到明清时这里俨然成为“富庶甲齐郡，繁华压两京”的繁华之地。

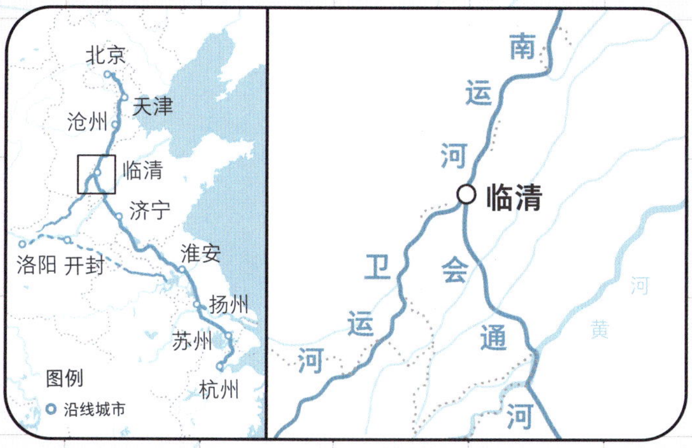

北京
天津
沧州
临清
济宁
洛阳 开封
淮安
扬州
苏州
杭州
图例
沿线城市
南运河
临清
卫运河
会通河
黄河

鳌头矶（jī）

鳌头矶是一组结构精巧的明代古建筑群，建于明嘉靖年间，位于临清市卫运河分岔处。河运鼎盛时这里商业繁荣，文人墨客、运军商民往来不绝。

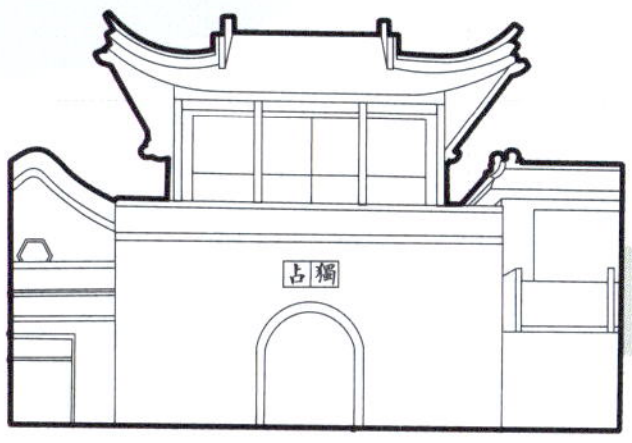

古矶

舍利宝塔

舍利宝塔位于城北卫运河东岸，始建于明万历年间，为仿木结构楼阁式砖塔。

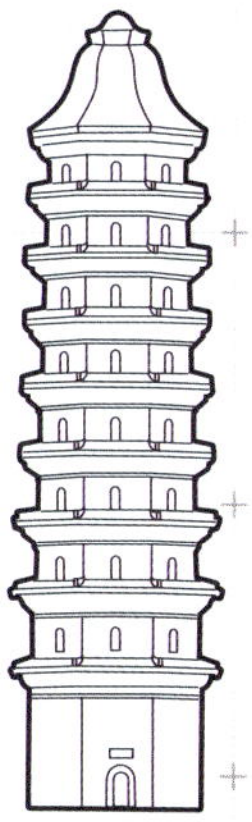

图例
现代京杭大运河
运河故道及相关河道
古城城址
大运河遗产保护线
世界文化遗产点
其他大运河相关构筑物
1千米
舍利宝塔
南运河
北礼拜寺（洪家寺）
临清砖城
元运河
鳌头矶
运河钞关
临清土城
会通河
卫运河
京杭大运河
会通河

明清设八大钞关（中央设在地方的税务机构），其中七处位于运河沿线，临清运河钞关是目前全国仅存的运河钞关。明万历六年（1578年），临清钞关的税收高达83200两，居全国八大钞关之首。它始设于1429年，漕运废止后关闭。

会通河

临清至黄河北岸这段会通河，也被称为山东北运河、小运河，1949年后经过治理，主要发挥引黄灌溉功能。

卫运河

卫运河即隋唐时期的永济渠、宋代的御河。

擦过山东丘陵，至济宁

济宁坐落在山东丘陵地区，因地势较高、河湖环绕，如果此处缺水将导致大运河断航，这使得济宁段运河成为大运河贯通的关键。凭借“南控江淮，北接京畿”的地理位置，济宁成为大运河上的一处要冲，在水利工程、河道管理、政治和军事等方面都有其重要性。

北京
天津
沧州
临清
济宁
洛阳 开封
淮安
扬州
苏州
杭州
图例
沿线城市

河
黄
鲁
南旺
济宁
运
河
微
山
湖
南阳

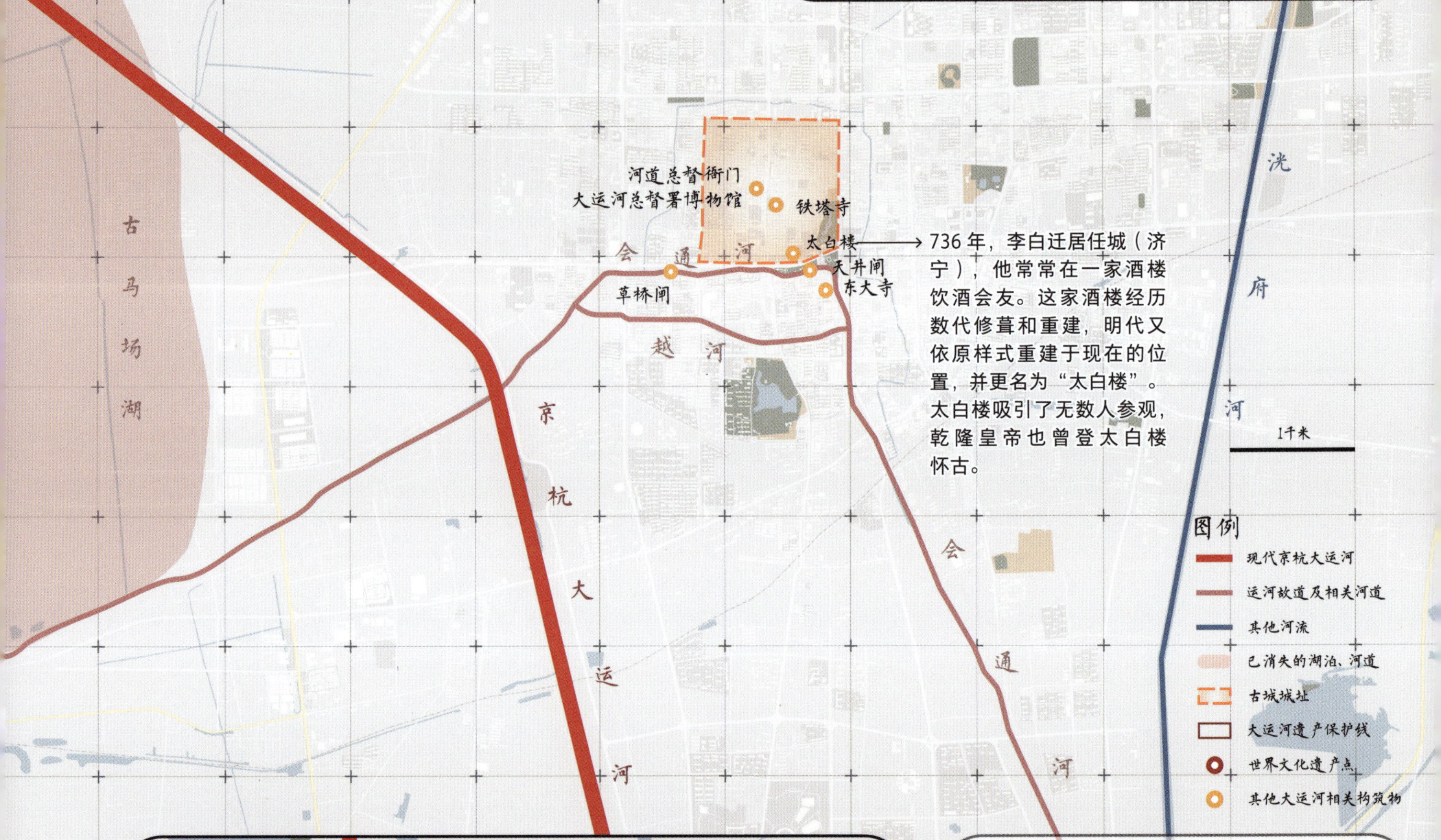

河道总督衙门
大运河总督署博物馆
铁塔寺
太白楼
会
通
河
天井闸
东大寺
草桥闸
越
河
古
马
场
湖
京
杭
大
运
河
会
通
河
洸
府
河
1千米
图例
现代京杭大运河
运河故道及相关河道
其他河流
已消失的湖泊、河道
古城城址
大运河遗产保护线
世界文化遗产点
其他大运河相关构筑物

736年，李白迁居任城（济宁），他常常在一家酒楼饮酒会友。这家酒楼经历数代修葺和重建，明代又依原样式重建于现在的位置，并更名为“太白楼”。太白楼吸引了无数人参观，乾隆皇帝也曾登太白楼怀古。

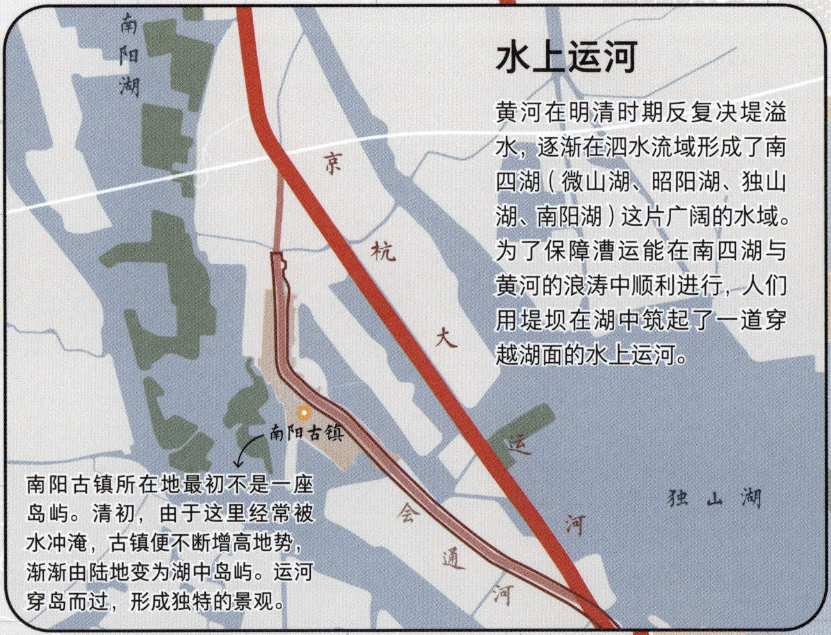

南
阳
湖
京
杭
大
运
河
南阳古镇
会
通
河
独 山 湖

水上运河

黄河在明清时期反复决堤溢水，逐渐在泗水流域形成了南四湖（微山湖、昭阳湖、独山湖、南阳湖）这片广阔的水域。为了保障漕运能在南四湖与黄河的浪涛中顺利进行，人们用堤坝在湖中筑起了一道穿越湖面的水上运河。

南阳古镇所在地最初不是一座岛屿。清初，由于这里经常被水冲淹，古镇便不断增高地势，渐渐由陆地变为湖中岛屿。运河穿岛而过，形成独特的景观。

河道总督驻扎

自明朝起，总理运河、黄河河道事务和水患整治的官员都驻扎在济宁州城内。河道总督主管河道疏浚、筑堤、防洪等工程，同时兼有军职，方便指挥。

除此之外，明清时代的济宁州还设有许多管理河道、护航等事务的机构，城内衙署林立，当地人称“七十二衙门”。

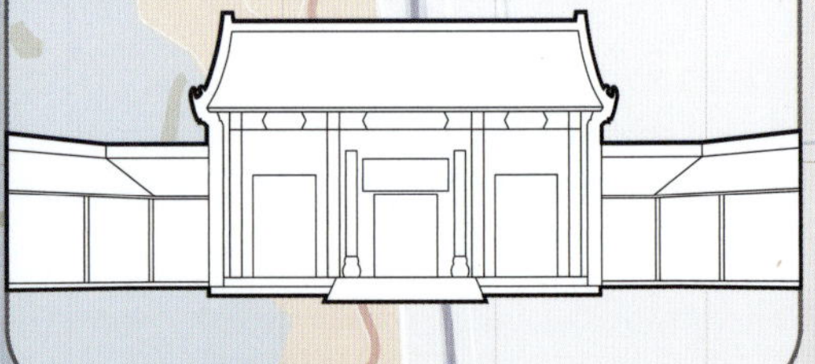

巧过黄淮，入淮安

淮河是中国南北方的地理分界线。历史上，黄河也曾从这里呼啸而过。运河要想连通南北，就得设法穿越这条大河，淮安城市形态的塑造也与这一难题相关。今天的淮安城囊括了古楚州、淮阴、清江浦的城镇范围，这些城镇的发展都与大运河的历史密不可分。

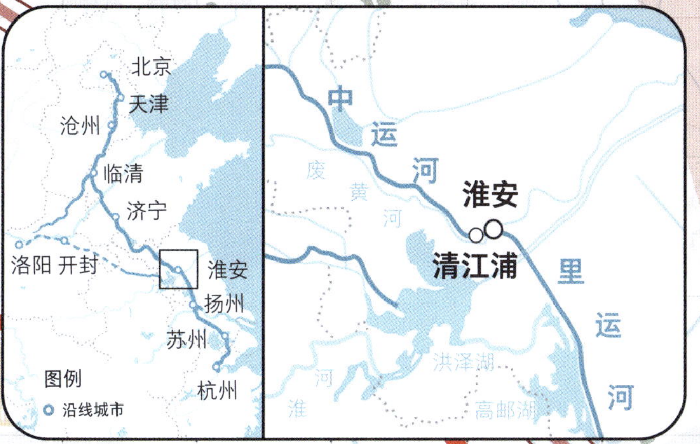

北京
天津
沧州
临清
济宁
洛阳 开封
淮安
扬州
苏州
杭州
图例
沿线城市
中运河
废黄河
淮安
清江浦
里运河
洪泽湖
高邮湖
淮河

淮安钞关遗址
里运河
京杭大运河
古山阳湾
（黄淮故道）
末口遗址
河下古镇
淮安府署
总督漕运公署遗址
镇淮楼
淮阴驿遗址
淮河入海水道
苏北灌溉总渠

清江浦

北宋年间，淮安转运使主持在楚州（淮安）西北开凿了一段与淮河平行的新运河，以避开水流湍急的山阳湾。这条新运河逐渐演化为楚州西北的清江浦，成为新的漕运咽喉。到明清时，清江浦已经发展成了一座繁华城镇。“天下粮仓”丰济仓、清江督造船厂都曾设在此处。

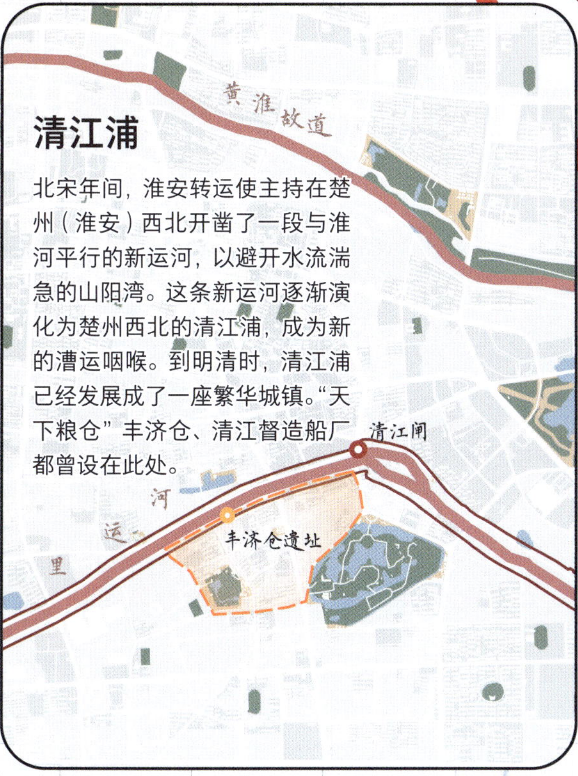

黄淮故道
清江闸
丰济仓遗址
里运河

山阳湾

黄河与淮河的故道曾经在草湾处急转向南，经过淮安城北，构成山阳湾。古邗沟在这里与淮河交汇，淮安城也因此而兴。但黄淮合流后，山阳湾水量大，水流湍急，对航运造成了不利影响。

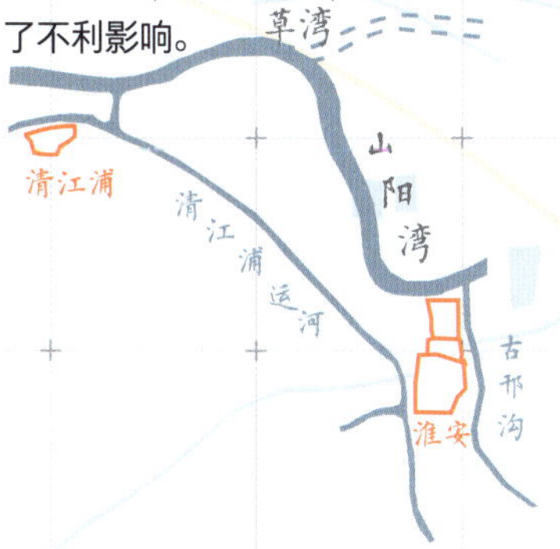

草湾
清江浦
清江浦运河
山阳湾
古邗沟
淮安

漕运总督坐镇

淮安是漕运的中心枢纽。行海运时，漕船从这里转到淮河入海；行内河时，漕粮在这里收入粮仓进行转般（一种分段运输的漕运方式）。明清以来，统管漕运事务的最高机构都设在淮安，漕运总督府也坐落在淮安城的中轴线上。漕运管理系统是一套包含行政、司法和军事功能的系统。

茱萸湾
邗沟（遗址）
京杭大运河
大明寺
瘦西湖
古运河
天宁寺行宫
个园
普哈丁墓
何园
汪鲁门宅
卢绍绪宅
盐宗庙
春秋时期长江岸线
汉晋时期长江岸线
宝塔湾
文峰塔
龙衣庵
三湾地区
中国大运河博物馆
新河湾
扬子津
高旻寺
唐前期江岸线
伊娄河
仪扬运河仪征段
长江
明清江岸线
1.5千米
（宋-清）瓜洲
城池所在位置
（今）瓜洲
瓜洲古渡
图例
现代京杭大运河
古邗沟
东晋运河
唐代运河
明代改道运河
其他相关水系
古城城址
大运河遗产保护线
世界文化遗产点
其他大运河相关构筑物
历史长江岸线
唐代瓜洲
康乾南巡行宫

瘦西湖

瘦西湖原名“保障湖”，水源与大运河相通，是由不同时代的护城河连缀形成的带状景观。盛于盐帮的疏浚与营建，有“园林之盛，甲于天下”之誉，标志景观有五亭桥、二十四桥等。

三湾与大运河博物馆

三湾地区是位于扬州古城和长江之间的重要水工遗址，由张锦秋院士设计的中国大运河博物馆坐落于此，2021 年起对外开放。博物馆的大运塔和古代的文峰塔（文峰寺）、天中塔（高旻寺）形成“三塔映三湾”的景观。

鉴真东渡由此启航

文峰寺位于古运河畔，唐代鉴真和尚受邀去日本传授佛法，先后六次东渡、历经磨难才成功到达日本。其中第二、四、六次东渡，均由此登船入江。

高旻（mín）寺

高旻寺坐落于扬州南郊古运河与仪扬河交汇的河口处，是清代扬州八大名刹之一，也是乾隆南巡行宫之一。

仪扬运河

东晋永和年间（345—356 年），“江都水断”，邗沟南口淤塞。于是开凿仪扬运河，船只改从仪征进入邗沟，后代也持续使用这条运河。

伊娄河

唐代中叶，瓜洲已与扬州陆地相连。江南漕粮北上需要由润州（今镇江）运到瓜洲再陆运至扬州，水陆转运不便，因此开凿了伊娄河。

（古）瓜洲

瓜洲原本是泥沙淤积形成的江中沙洲，后来它成为长江的重要港口，王安石的诗句“京口瓜洲一水间”说的就是这里。

瓜洲在晋代露出水面，宋代开始筑城，到清代坍入长江。1900 年以后，泥沙再次堆积，岸线南移形成了今天的瓜洲。

北京
天津
沧州
临清
济宁
洛阳 开封
淮安
扬州
苏州
杭州
图例
沿线城市
里
运
河
高邮湖
扬州
江
长
江
南
运
河

下扬州，跨长江

邗沟是大运河水系中最早开凿的河段，扬州最初便以“邗”为名。此后两千多年间，这段运河都是沟通南北的黄金水道。扬州位于大运河与长江的交汇点，这样独一无二的交通位置使它成为江南漕运和淮南盐运中心，也是长江中下游地区对外贸易的重要口岸，并逐渐发展为全国最繁华的大城市。扬州因运河而生，因运河而兴，因运河而盛，是不折不扣的“运河第一城”。

运河初兴之地

邗沟开凿于公元前 486 年，是中国史籍中第一条明确记载了开凿时间的人工运河。

邗沟是淮扬运河的前身。自春秋末期到明万历年间，虽然邗沟经历了多次改道，但它的走向大致不变，扬州与淮安仍是其南北端点，直到今天，这条河道依然是江淮之间的水运干道。

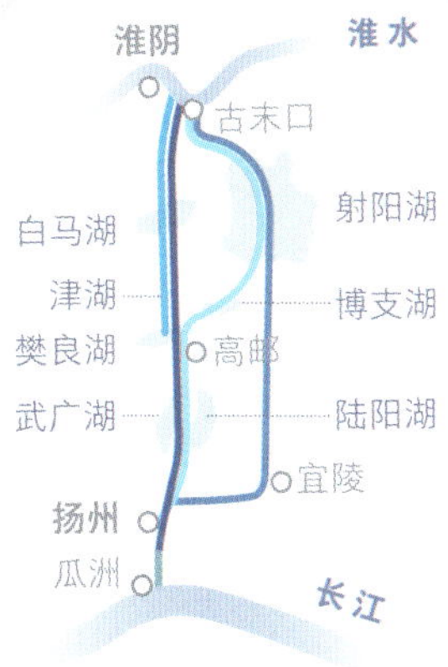
淮阴
淮水
古末口
射阳湖
白马湖
津湖
博支湖
樊良湖
高邮
武广湖
陆阳湖
宜陵
扬州
瓜洲
长江

春秋时期的邗沟
汉末的邗沟西道
隋文帝开凿的山阳渎
隋炀帝开凿的邗沟
唐代开凿的伊娄河
自然河流
湖泊

因“盐”而兴的漕运中枢

扬州自古便因盐而盛。盐业和盐商造就了扬州经济的大繁荣，使扬州成为盐的流通要道与集散中心。

西汉，广陵王刘濞“煮海为盐”，后在邗沟基础上开凿盐河以运盐。至明清，两淮盐场的食盐皆运输到此地储存，然后沿大运河销往北方，或是逆长江而上，销往今河南、湖南、湖北、江西、安徽等地。

中
运
河
淮安
两淮盐场
扬州
长
江
江
南
运
河
苏州

因“岸”而移的城址

扬州城建与长江岸线南移以及运河水道变化关系颇深，城址大体经历了由北向南的变迁过程。

春秋－汉 邗城

吴国吞并邗国而建都于邗，这座城池是扬州最早的城市雏形。

唐 罗城、子城

公元 626 年，“扬州”正式成为城市名。除在江都宫城旧址上建子城（大城内的小城）外，又营建罗城（在城外加筑的城垣），城址沿邗沟两侧不断扩大，并随着长江岸线南移而向南扩张。

宋 三城

宋代扬州由宋大城、宝祐城（堡城）和二城之间的夹城，共三城构成。城南近岸处为宋时修筑古瓜洲城城址。

明清 双城

明代扬州有新、旧二城，清代二城共为扬州府城。清代时，瓜洲城坍入长江。

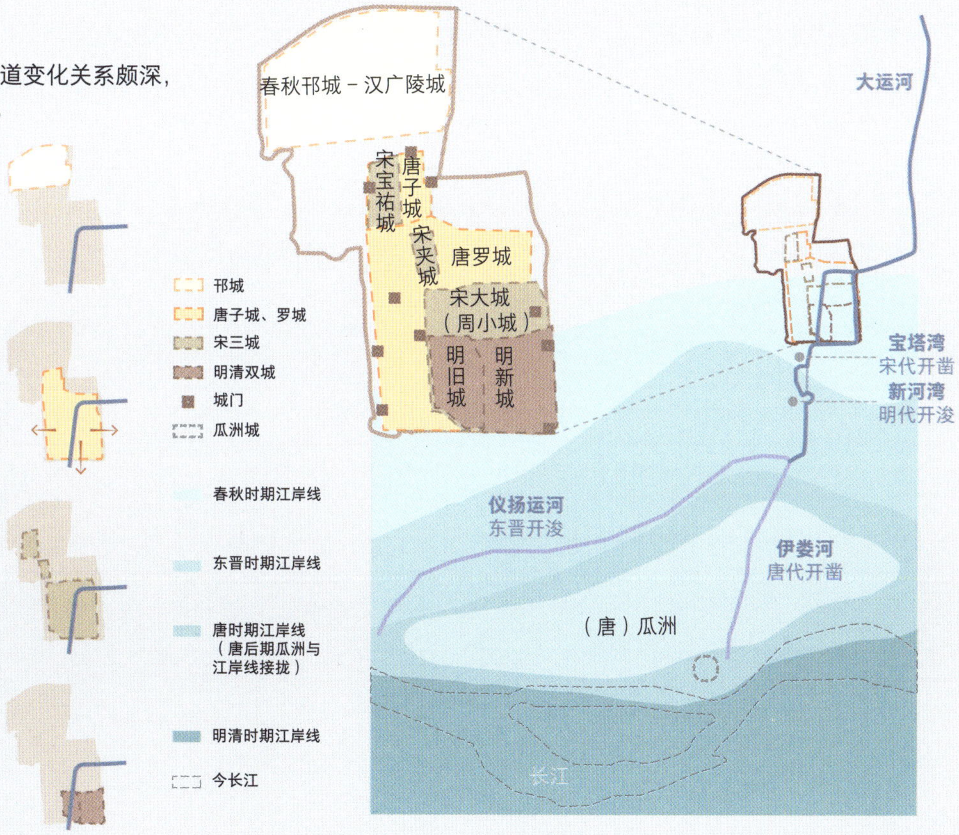
春秋邗城－汉广陵城
宋宝祐城
唐子城
宋夹城
唐罗城
宋大城（周小城）
明旧城
明新城
邗城
唐子城、罗城
宋三城
明清双城
城门
瓜洲城
春秋时期江岸线
东晋时期江岸线
唐时期江岸线（唐后期瓜洲与江岸线接拢）
明清时期江岸线
今长江
大运河
宝塔湾
宋代开凿
新河湾
明代开浚
仪扬运河
东晋开浚
伊娄河
唐代开凿
（唐）瓜洲
长江

山塘街与阊（chāng）门

清代有人称苏州“阊门内外，居货山积，行人水流，列肆招牌，灿若云锦”。《红楼梦》中则描写阊门与山塘河街区一带“最是红尘中一二等富贵风流之地”。

平江古巷

平江历史文化街区至今已有 2500 多年的历史，是苏州古城中传统城市格局、建筑风貌和生活习俗保存最完整的一个区域。

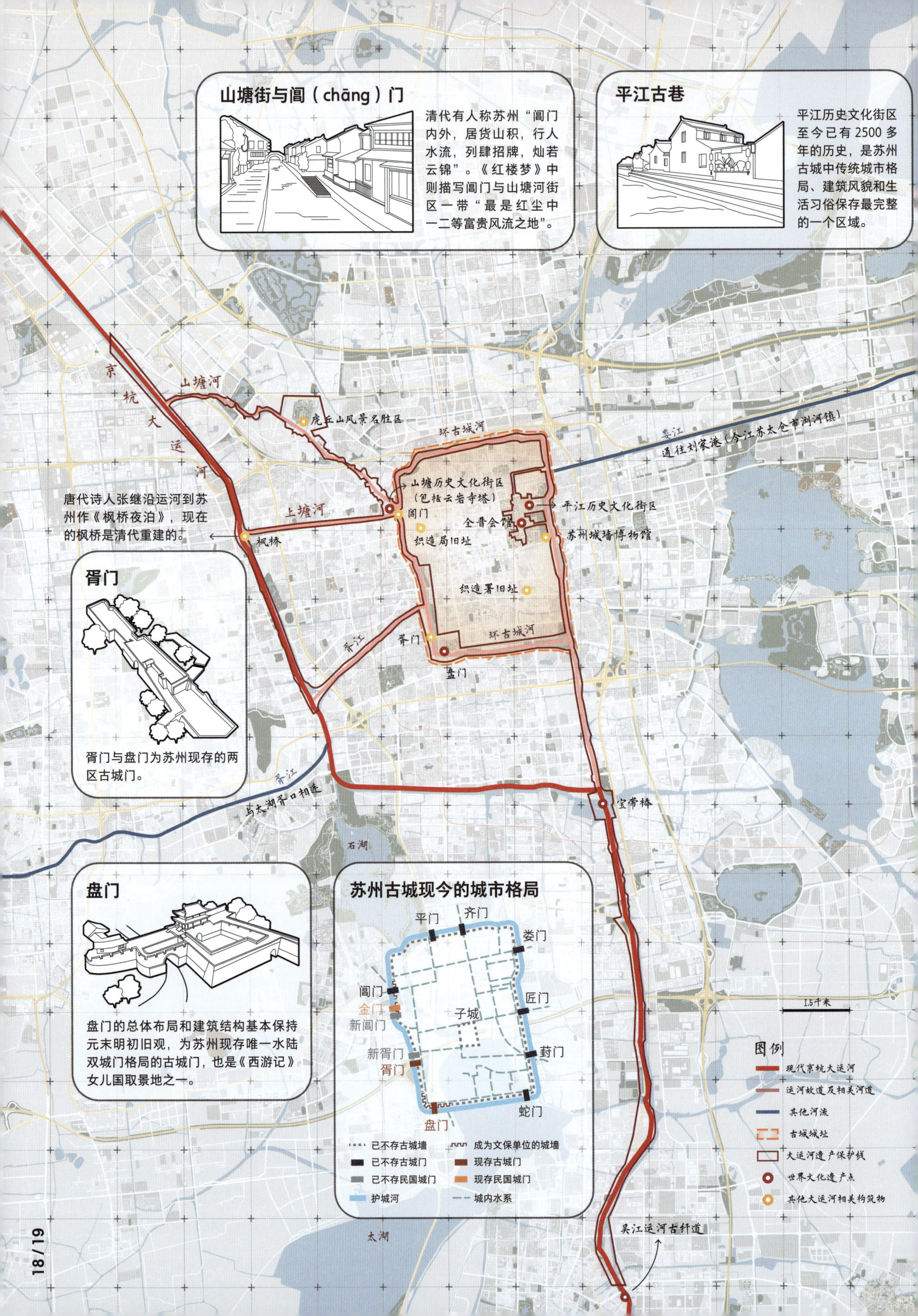

京杭大运河
山塘河
虎丘山风景名胜区
环古城河
娄江
通往刘家港（今江苏太仓市浏河镇）
山塘历史文化街区（包括云岩寺塔）
阊门
平江历史文化街区
全晋会馆
苏州城墙博物馆
织造局旧址
织造署旧址
上塘河
枫桥
胥江
胥门
盘门
环古城河
宝带桥
胥江
与太湖胥口相连
石湖
太湖
吴江运河古纤道
1.5千米
图例
现代京杭大运河
运河故道及相关河道
其他河流
古城城址
大运河遗产保护线
世界文化遗产点
其他大运河相关构筑物

唐代诗人张继沿运河到苏州作《枫桥夜泊》，现在的枫桥是清代重建的。

胥门

胥门与盘门为苏州现存的两区古城门。

盘门

盘门的总体布局和建筑结构基本保持元末明初旧观，为苏州现存唯一水陆双城门格局的古城门，也是《西游记》女儿国取景地之一。

苏州古城现今的城市格局

平门
齐门
娄门
阊门
金门
新阊门
匠门
子城
葑门
新胥门
胥门
蛇门
盘门
已不存古城墙
成为文保单位的城墙
已不存古城门
现存古城门
已不存民国城门
现存民国城门
护城河
城内水系

北京
天津
沧州
临清
济宁
洛阳 开封
淮安
扬州
苏州
杭州
图例
沿线城市
江
南
运
河
长
江
太湖
苏州

转江南，绕苏州

大运河进入江南地区，与城市联结得更为紧密。苏州位于江南运河中段，因为同时拥有内河航运与海上交通的便利条件，古代就成为江南的中心城市。苏州古城水系作为江南运河的一部分、大运河的支流水系，不仅承载着运输功能，也是居民的生活水源。苏州水陆并行的格局，以及与运河交织的形态十分特殊，它是运河沿线唯一一个以古城概念申遗的城市。

江南运河的雏形

江南运河是大运河的重要组成部分，苏州段是江南运河中最早开挖的运河段落之一。公元前 514 年，吴王阖闾（hé lǘ）命伍子胥主持修筑阖闾城，并开凿护城河等水道，后又因军事需求挖掘了多条人工河道。阖闾城就是今天苏州古城的原型，这些河道便成为江南运河的前身。

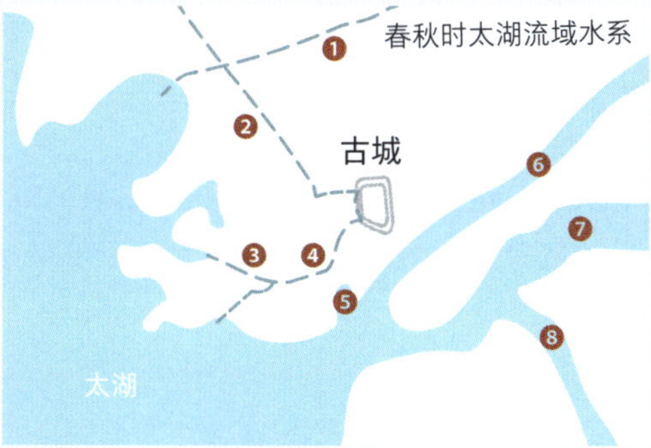
春秋时太湖流域水系
古城
太湖
1
2
3
4
5
6
7
8

1	望虞河	无锡、苏州界，范蠡主持开凿
2	江南运河最初开凿段	自苏州起，北上至今常州孟河，为江南运河最古老的河道
3	香溪	伍子胥开凿
4	胥江	
5	石湖	今石湖为原娄江遗存
6	娄江	娄江、吴淞江、东江为太湖天然入海水道，古时共称“三江”
7	吴淞江	
8	东江	

千年不移的城池

江南运河在秦代初步建成，并与苏州城内水系紧密相连。城内外水系连通而成的棋盘状水网和绝佳的地理位置使苏州城成为贸易、手工业集散地，这也是苏州古城历经两千年而城址基本不变的主要原因。

明清时太湖流域水系
太湖
1
2
3
4
5
6

四通八达的水系

城西自盘门至阊门的外城濠为京杭大运河河道中的一段；胥江则与太湖沟通，可达无锡、扬州、嘉兴；城北自齐门出为元和塘，沟通常熟；城东出娄门为至和塘，沟通昆山，连浏河，通长江。

1. 大运河
2. 元和塘
3. 阳澄湖
4. 至和塘
5. 独墅湖
6. 胥江

国之粮仓

苏州是江南地区最早发展起来的城市之一。唐宋时期，苏州一直是漕粮的重要产地。“苏湖熟，天下足”便是对太湖流域的苏州、湖州等地富庶丰饶的描述。

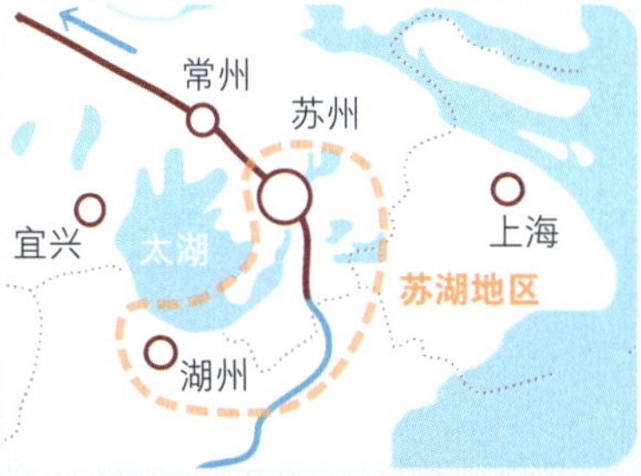
常州
苏州
宜兴
太湖
上海
苏湖地区
湖州

苏州城初建时的城市格局

古苏州城顺应水系而建，子城是全城的中心，城内形成了以河道为骨架的水陆双棋盘格局。最初的八个城门均有水门，内外河道畅通，水陆交通十分便利。

平门
齐门
娄门
阊门
子城
相门
（匠门）
胥门
吴大城
蛇门
盘门
城墙
棋盘水系
不存城门
现存城门

盛名在外的产业

随着经济发展，苏州逐渐出现了大量的商贸和手工业聚集区，产出商品有纱罗绫缎、金银珠玉、陆慕金砖（一种高质量铺地方砖）等，其中以丝绸最为闻名。北宋在此设造作局，明设织染局，清设织造府，产品除供皇宫贵族之外，也是重要的贸易商品。

园林田野区
工商
中心区
丝织工业区
政治
中心区
工商中心区
园林田野区
城墙
清代水系

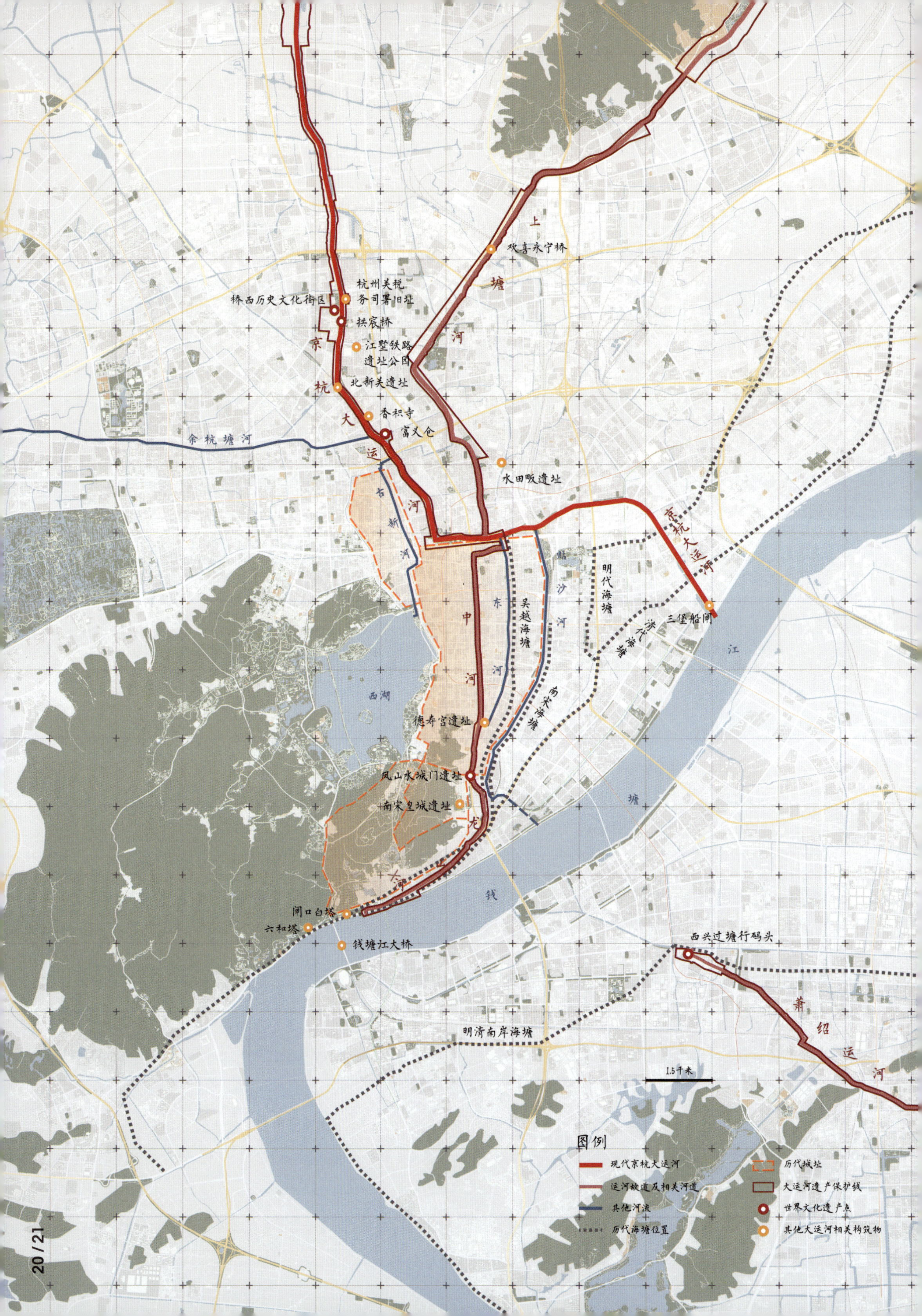

京杭大运河
上塘河
欢喜永宁桥
杭州关税务司署旧址
桥西历史文化街区
拱宸桥
江墅铁路遗址公园
北新关遗址
香积寺
富义仓
余杭塘河
水田畈遗址
古新河
中河
东河
吴越海塘
沙河
明代海塘
清代海塘
三堡船闸
京杭大运河
西湖
南宋海塘
德寿宫遗址
凤山水城门遗址
南宋皇城遗址
闸口白塔
六和塔
钱塘江大桥
钱塘江
西兴过塘行码头
萧绍运河
明清南岸海塘
1.5千米
图例
现代京杭大运河
运河故道及相关河道
其他河流
历代海塘位置
历代城址
大运河遗产保护线
世界文化遗产点
其他大运河相关构筑物

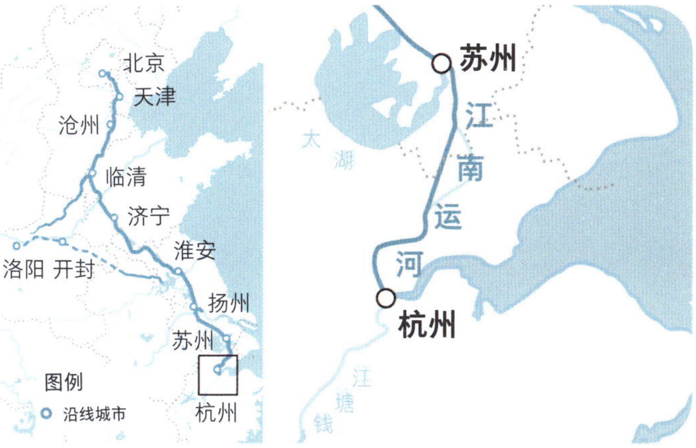
北京
天津
沧州
临清
济宁
淮安
洛阳 开封
扬州
苏州
图例
沿线城市
杭州
苏州
太
湖
江
南
运
河
杭州
江
塘
钱

直抵钱塘江畔的杭州

杭州起初作为钱塘江上的一处优良渡口而受到重视。运河开通后，不仅为杭州带来通航便利，促进了经济的繁荣发展，也成为保障水源、防洪排涝的生命线。可以说，杭州是一座依赖运河发展、兴盛的城市。

如何获取水源

钱塘江是大运河杭州段的主要水源，但钱塘江挟带的大量泥沙和年复一年的咸潮侵蚀常导致运河淤塞，水质也不堪使用。

东汉年间西湖与钱塘江分离以后，平静澄澈的西湖成为杭州用水的理想水源和航运的理想水道。唐代，白居易疏浚西湖，引湖水充实运河。但西湖水源有限，仍需江潮补充。因此，五代吴越国钱镠修建龙山、浙江二闸，控制钱塘江水入城。大运河杭州段的水源控制机制基本成型。

杭州城的水工设施

由于多条水位不等的河道在杭州城北纵横交错，这里设置了大量闸坝设施以平衡水位。船只航行到此需要翻坝而过。

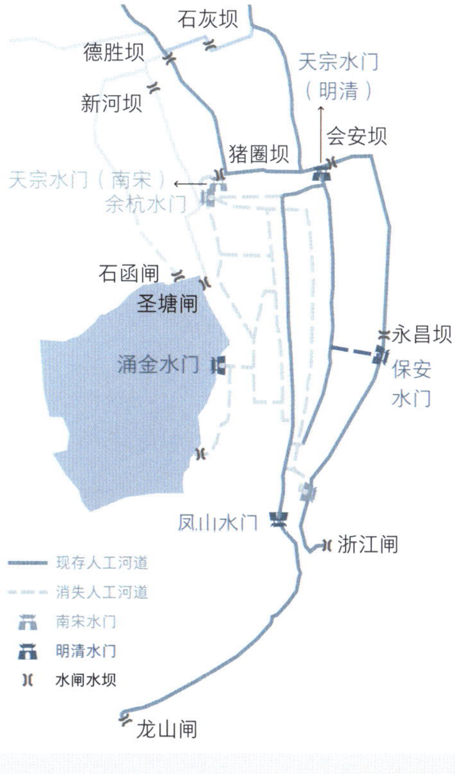
石灰坝
德胜坝
新河坝
天宗水门
（明清）
会安坝
猪圈坝
天宗水门（南宋）
余杭水门
石函闸
圣塘闸
涌金水门
永昌坝
保安
水门
凤山水门
浙江闸
现存人工河道
消失人工河道
南宋水门
明清水门
水闸水坝
龙山闸

如何抵御海潮

钱塘江大潮自古便是侵扰运河的一大隐患。为了抵御钱塘江咸潮倒灌，确保杭州城内航运通畅，自东汉以来，人们开始在大运河东侧修建海塘。海塘是沿海岸砌筑的挡潮、防浪的堤。

历代管理机构都不断对海塘进行加固或新修。自南宋起，人们在海塘后方建设护塘河，随着城市的扩张，这些河道也被纳入杭州的运河水系中。

当海潮过于汹涌时，如果主塘垮塌，备塘也可用于防护，翻过备塘的潮水则会先涌入护塘河，而护塘地可以作为抢险、堆料用途。

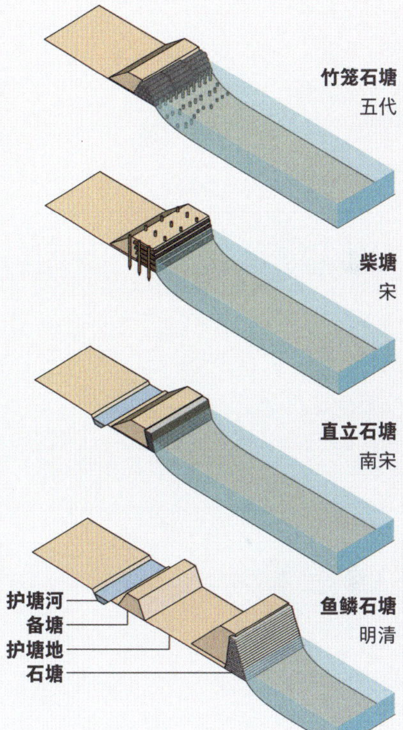
竹笼石塘
五代
柴塘
宋
直立石塘
南宋
护塘河
备塘
护塘地
石塘
鱼鳞石塘
明清

山与水之间的城市

杭州的城址位于江、山、湖之间，城市范围历代都有变动。城市的东侧一直在向东生长，历代也会根据政治和战略目的在周边修建新城。

吴越国在城南和城北修建了罗城和夹城，南宋在城南修建了驻跸宫城，清朝则在今天的湖滨地区修建了八旗驻防城。

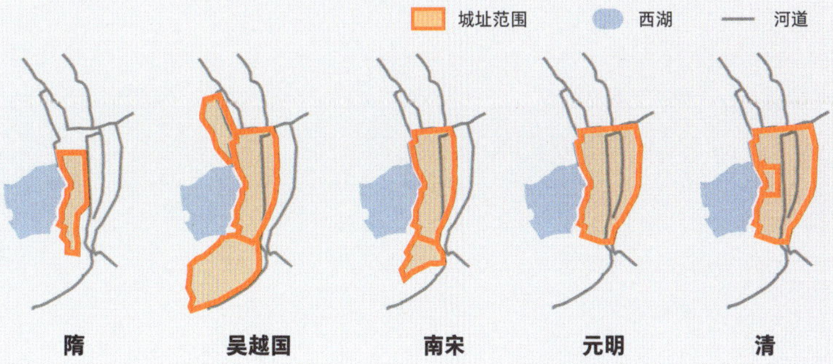
城址范围
西湖
河道
隋
吴越国
南宋
元明
清

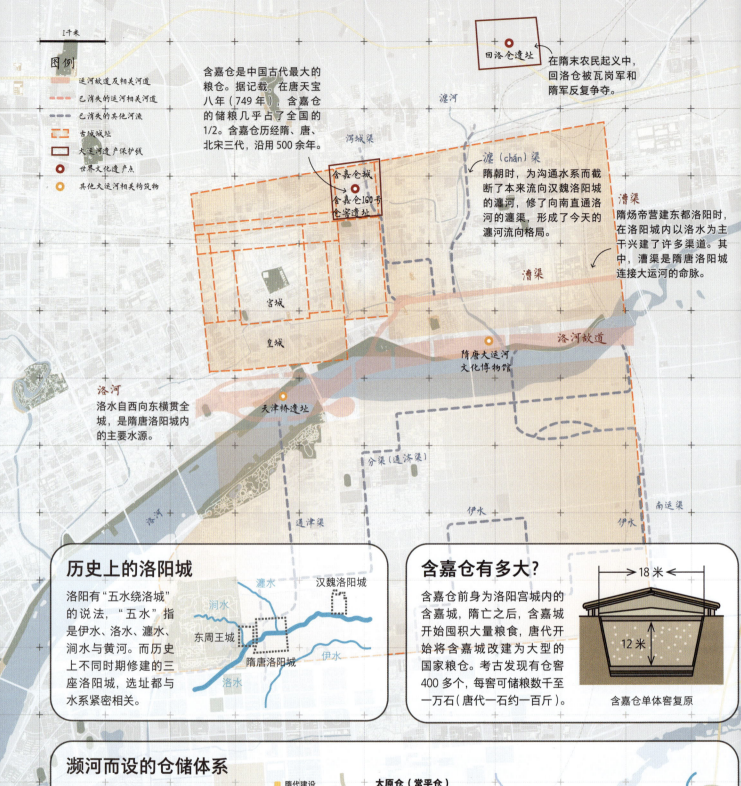

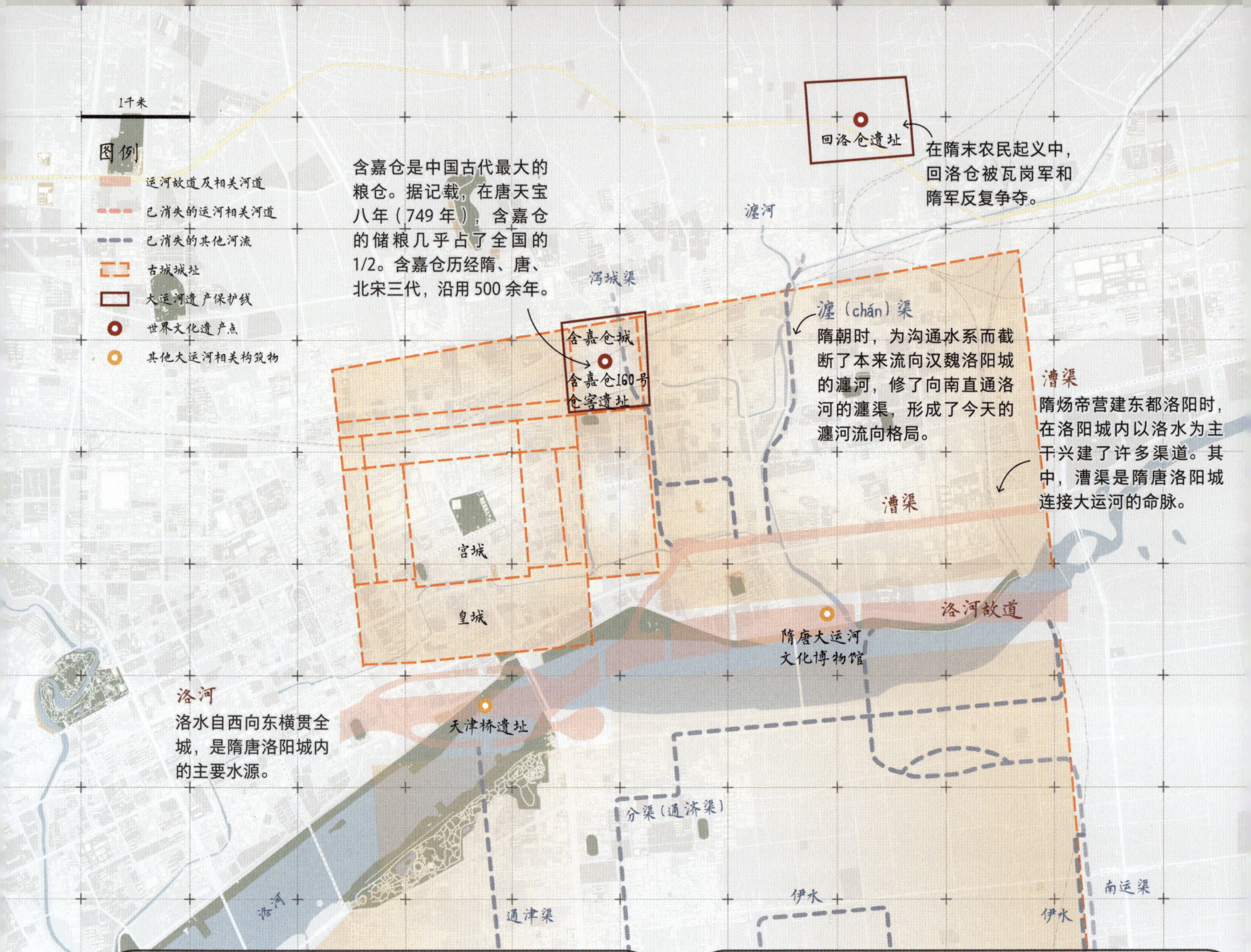
1千米
图例
运河故道及相关河道
已消失的运河相关河道
已消失的其他河流
古城城址
大运河遗产保护线
世界文化遗产点
其他大运河相关构筑物
含嘉仓是中国古代最大的粮仓。据记载，在唐天宝八年（749年），含嘉仓的储粮几乎占了全国的1/2。含嘉仓历经隋、唐、北宋三代，沿用500余年。
回洛仓遗址
在隋末农民起义中，回洛仓被瓦岗军和隋军反复争夺。
瀍河
泻城渠
含嘉仓城
含嘉仓160号仓窖遗址
瀍（chán）渠
隋朝时，为沟通水系而截断了本来流向汉魏洛阳城的瀍河，修了向南直通洛河的瀍渠，形成了今天的瀍河流向格局。
漕渠
隋炀帝营建东都洛阳时，在洛阳城内以洛水为主干兴建了许多渠道。其中，漕渠是隋唐洛阳城连接大运河的命脉。
宫城
漕渠
皇城
洛河故道
隋唐大运河文化博物馆
洛河
洛水自西向东横贯全城，是隋唐洛阳城内的主要水源。
天津桥遗址
分渠（通济渠）
洛河
通津渠
伊水
南运渠
伊水

历史上的洛阳城

洛阳有“五水绕洛城”的说法，“五水”指是伊水、洛水、瀍水、涧水与黄河。而历史上不同时期修建的三座洛阳城，选址都与水系紧密相关。

瀍水
汉魏洛阳城
涧水
东周王城
隋唐洛阳城
伊水
洛水

含嘉仓有多大?

含嘉仓前身为洛阳宫城内的含嘉城，隋亡之后，含嘉城开始囤积大量粮食，唐代开始将含嘉城改建为大型的国家粮仓。考古发现有仓窖400多个，每窖可储粮数千至一万石（唐代一石约一百斤）。

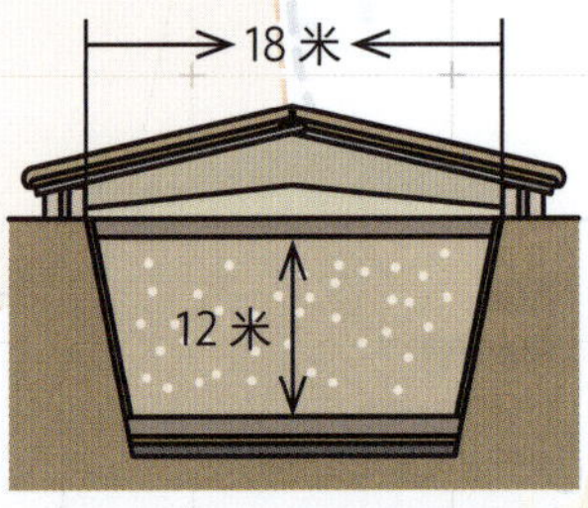
18米
12米

含嘉仓单体窖复原

濒河而设的仓储体系

隋代濒河修建粮仓来收储、分发和转运粮食，唐代继承和完善了这套仓储体系，其选址有以下特点：

1. 仓城分布在河口交汇处或水陆运输便利的地方。
2. 依山傍水，或地势较高，有通向河流的渠道。已发掘的回洛仓、黎阳仓、含嘉仓有相似的地形条件。
3. 靠近洛阳。洛阳是隋唐时期的都城之一，还有众多河流交汇，所以这一时期的大型粮仓多集中于洛阳附近。

隋代建设
唐代建设
太原仓（常平仓）
隋唐时期的漕运还有经黄河到柏崖仓，陆运至太原仓，再水运经永丰仓至长安太仓的路线。
沁水
黎阳仓
永济渠
河阳仓
通济渠
黄河
集津仓
柏崖仓
含嘉仓
回洛仓
洛口仓
黄河船不入洛水，漕粮卸于此后转运洛阳。
虎牢仓
虎牢仓设置在黄河通汴河（通济渠）处，因江南船不入黄河，漕粮在此处贮存。
永丰仓
子罗仓
河阳仓
洛水

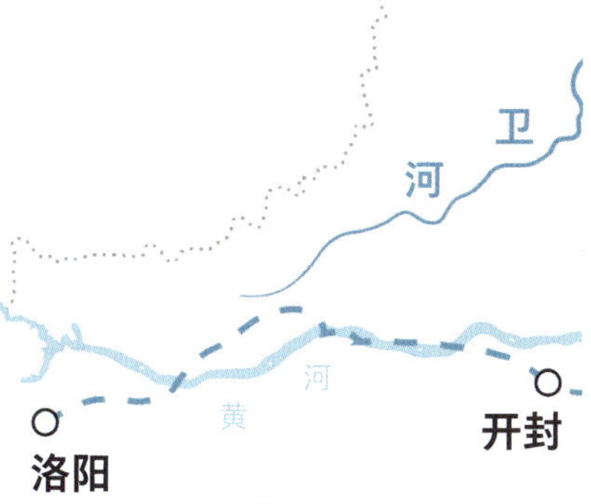

隋唐时期，它还西接开封和洛阳

洛阳和开封有许多相似之处，例如它们都位于中原地区，有发达的河流条件，曾是多个朝代的国都。两座城市还有一些微妙的联系：安史之乱以后，洛阳饱受战争摧残，此后又因漕运改革失去了转运中心的地位；同时，开封则因漕运而兴。

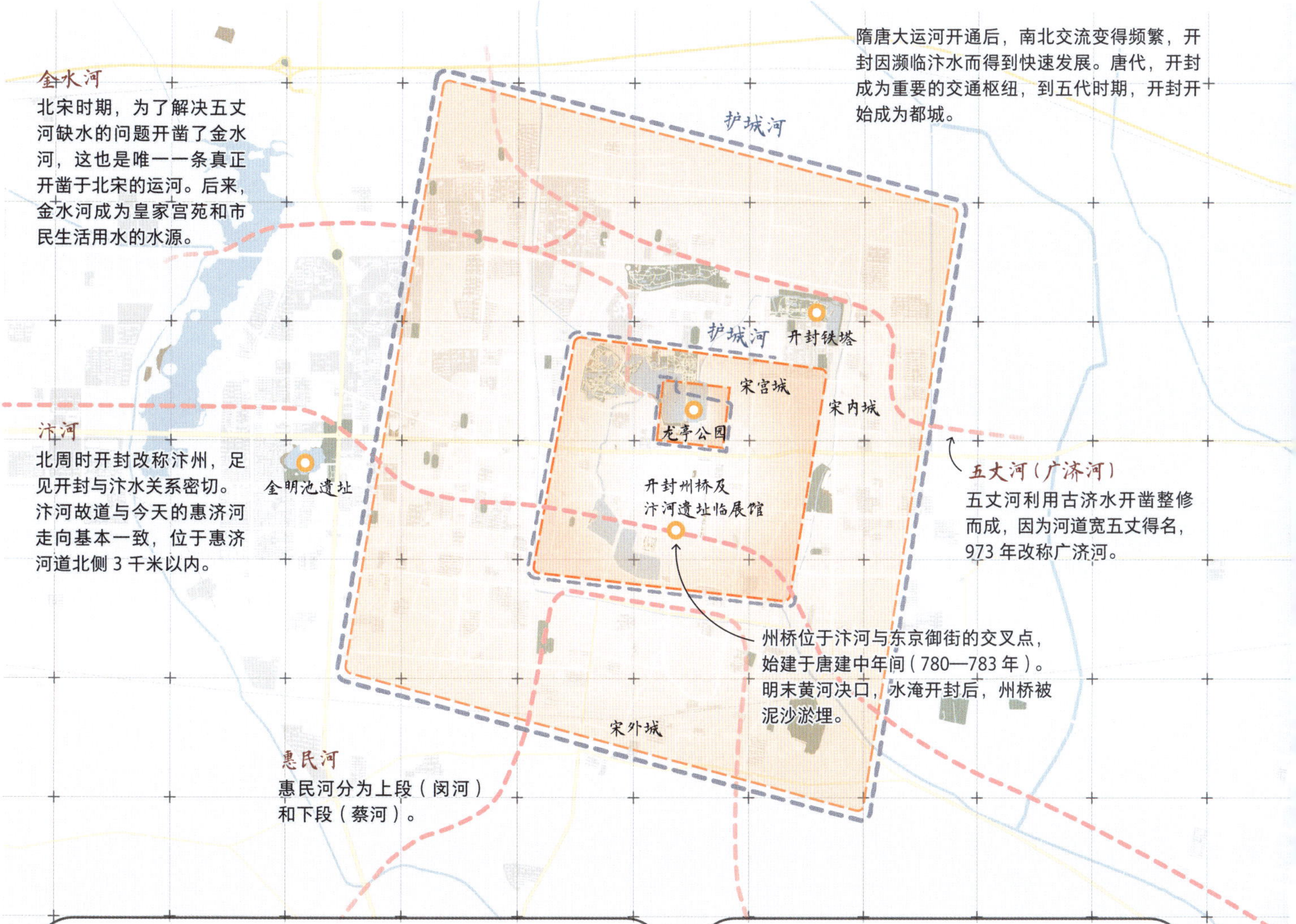

隋唐大运河开通后，南北交流变得频繁，开封因濒临汴水而得到快速发展。唐代，开封成为重要的交通枢纽，到五代时期，开封开始成为都城。

金水河

北宋时期，为了解决五丈河缺水的问题开凿了金水河，这也是唯一一条真正开凿于北宋的运河。后来，金水河成为皇家宫苑和市民生活用水的水源。

汴河

北周时开封改称汴州，足见开封与汴水关系密切。汴河故道与今天的惠济河走向基本一致，位于惠济河道北侧 3 千米以内。

五丈河（广济河）

五丈河利用古济水开凿整修而成，因为河道宽五丈得名，973 年改称广济河。

州桥位于汴河与东京御街的交叉点，始建于唐建中年间（780—783 年）。明末黄河决口，水淹开封后，州桥被泥沙淤埋。

惠民河

惠民河分为上段（闵河）和下段（蔡河）。

由国都发散的水系

从隋唐到后周，开封附近的河道被不断修建和完善。在北宋建都前，开封已经具备四通八达的水运系统，可以说，发达的河运网是北宋定都开封的重要原因。

一桥越千年

州桥遗址中目前发现了河道、水工设施、桥梁等不同时代的遗存。州桥及附近汴河遗址的考古发掘首次完整揭露了唐宋至清开封城内的汴河形态，填补了大运河东京城（今开封）段遗产的空白。

明代州桥复原图

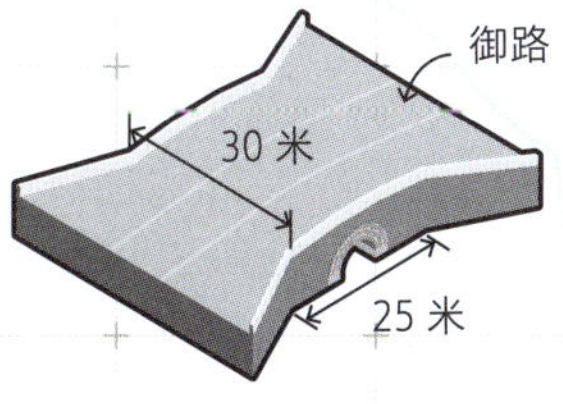

出土的州桥为明代所重建，在桥东北角发现了北宋石壁画。

大运河所到之处，生长出无数城镇

大运河的开凿推动了沿线城市和集镇的发展。人们因运河而聚集，沿运河居住，这些运河畔的城镇村庄各具特色：有的位于交通要冲，有的是军事重镇，有的是商业集镇，有的因水利工程而兴，有的因特色产业而闻名……可以说，运河在这些小城镇的发展史上留下了浓墨重彩的一笔。

杨柳青镇（柳口镇）

杨柳青镇因“地近丁字沽，四面多植杨柳”而得名。大运河推动了杨柳青镇的商业和艺术发展，诞生了杨柳青年画、杨柳青风筝和剪纸等民间艺术。

半印半画，木版套印和手工彩绘结合
杨柳青木版年画
天津 西青区
1214 年置柳口镇
杨柳青镇

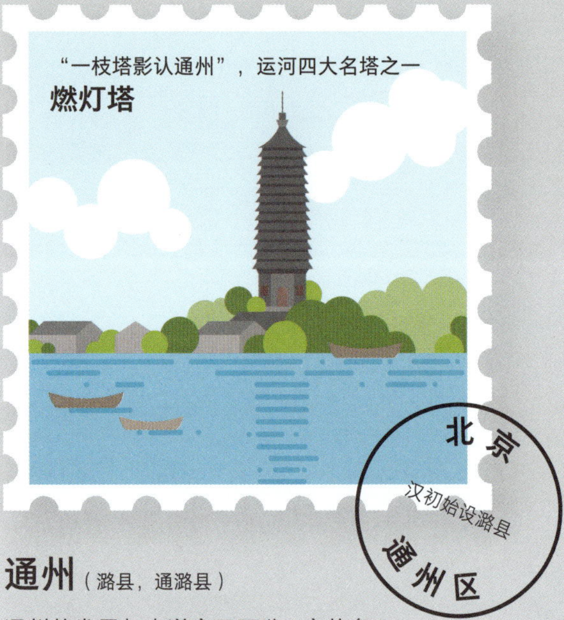
“一枝塔影认通州”，运河四大名塔之一
燃灯塔
北京
汉初始设潞县
通州区

通州（潞县，通潞县）

通州的发展与水道密不可分，它的名字便是取“漕运通济”之意，通州分担了京师的漕运压力，在元明清三代都是国家的仓储重地。通州作为“水陆之要会，畿辅之襟喉”，商业也十分发达，商客云集。

古运河上仅存的一座七孔石拱桥
广济桥
浙江 杭州
宋代开始即有村落
塘栖镇

塘栖镇

塘栖镇是杭州北部的水上门户，历史上富甲一方的江南名镇。元末运河改道后，塘栖由小乡村变为商业市镇，成为明清时期杭州通往苏、湖、常、嘉诸府的主要通道。

山东 枣庄
肇始于秦汉
台儿庄
参将署
战争年代的军火库，现为台儿庄古城重建展馆

台儿庄（台家庄、台家庄集，台庄）

1604 年，泇运河正式通航，并成为运河上的一条黄金水道。经此北上进京的漕船驶入山东时通过的第一道船闸便是台庄闸，台儿庄因此发展成为汇通南北、商贾聚集的水陆码头，被乾隆誉为“天下第一庄”。

1938 年，台儿庄大战使古城化为一片废墟。70 年后，枣庄市政府启动台儿庄古城重建工作。

山东 聊城
六七千年前建城
东昌府区
山陕会馆
面向运河的会馆，聊城商业繁荣的缩影

康熙和乾隆皇帝每次南巡必"打卡"的园林

寄畅园

高邮（秦邮，盂城）

高邮段运河最初直接利用湖泊作为航道，为了航行安全，自宋至明清逐渐修筑分隔河湖的堤坝，开挖月河，使河道逐渐东移，航运条件得到改善，这条河道到现在仍然是主要的水运河道。20世纪50年代政府对其进行改造后，这里形成了两岸三堤、古运河与里运河并行的景观。

盂城驿

目前全国规模最大、保存最完好的古代驿站

惠山古镇

惠山古镇以祠堂群闻名，祠堂群的形式始于唐代，盛于明清，这里先后出现了百余处祠堂建筑，涉及80余姓氏，180多名历史人物，包括司马光、范仲淹等，规制名目众多。清初，这里是皇家南巡要道，亦是一片繁华之地。

邵伯古码头

"镇江小马头，邵伯大马头"

邵伯镇（甘棠）

邵伯镇的发展深受河道和水利工程影响。东晋时，谢安曾在这里筑埭（dài），百姓将他比作先贤邵伯，为了纪念他，改地名为"邵伯"。邵伯镇水陆交通发达，工商百业兴盛，现在遗存的四座古码头就是这段繁荣历史的见证。

英国领事馆旧址

1858年，镇江被迫开放为通商口岸。之后，西津渡一带被辟为租界

西津渡（蒜山渡，金陵渡）

西津渡自古便是著名的长江渡口，亦是兵家必争之地。其渡江航线在六朝时期就已经固定。永嘉南渡时期，北方流民有一半以上从这里登岸。西津渡街区保存着自唐代以来大量的历史遗存和民居，被誉为"中国古渡博物馆"。

聊城（聊城县，东昌府，筑先县）

聊城在明清时因运河而兴，成为运河九大商埠之一，被称为"漕挽之咽喉，天都之肘腋"。聊城古城格局与东昌湖融为一体，因此也被称为"江北水城"。

濮院镇（幽湖，梅泾，濮川）

濮院镇因濮氏家族的经营而得名并兴盛。元代时，濮院开辟了最早的丝绸市场，推动了商业和缫丝业发展。到明清时，这里因产销濮绸闻名于世。

濮绸

与杭纺、湖绉、菱缎并称"江南四大名绸"

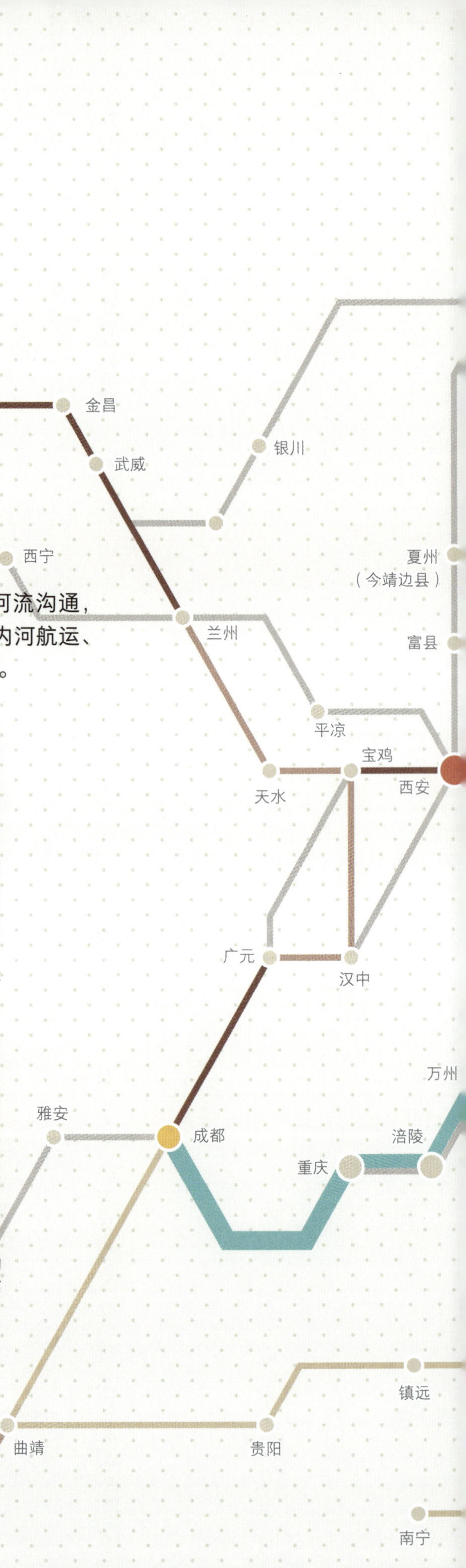
往乌鲁木齐、伊犁
哈密
往庭州（今吉木萨尔县）
往龟兹（今库车县）
瓜州（今瓜州县）
敦煌
酒泉
张掖
金昌
武威
银川
西宁
兰州
夏州
（今靖边县）
富县
平凉
宝鸡
天水
西安
广元
汉中
万州
雅安
成都
涪陵
重庆
往西藏
镇远
曲靖
贵阳
保山
大理
姚安
昆明
南宁

它是中国古代真正的交通大动脉

中国的大江大河多是自西向东流入大海，南北方向则缺少自然河流沟通，为了改善交通、连通南北，京杭大运河便应运而生。大运河连通内河航运、陆地道路、海运线路，共同构成了中国古代综合立体交通运输网。

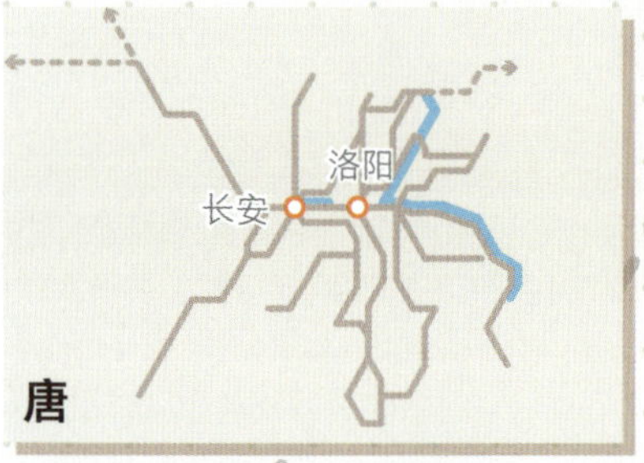
洛阳
长安
唐

唐代国内的交通主干线以两都为中心，辐射四面八方。隋唐时期是水运的繁荣期，新开辟的南北大运河与长江一同成为水运主干。

上都
大都
元

元代，元大都开始成为全国交通网络中心，南北交通更加重要。因此，京杭大运河裁弯取直，不再绕道洛阳，而是直达大都。

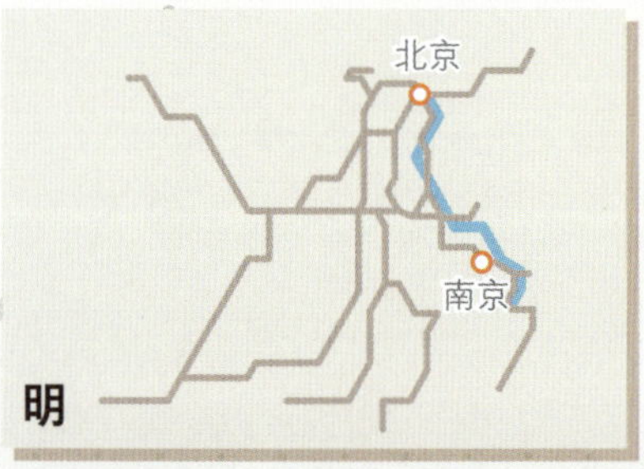
北京
南京
明

明代定都北京后，京杭大运河成为连接政治中心和经济重心的交通干线，漕运的发展也达到高峰。

北京
清

清代继承了明代的运河体系，还有通达全境的官马大路（北京通往各省城的官路），稳定高效的交通系统是清政府维持统治的重要条件。

上面四张图展示了唐、元、明、清四代的都城、大运河走向和主要道路网络。将它们叠加，并加上通航河流（我们隐藏了一些难以航运的河流，如黄河），则形成了本页大图的效果。颜色越深代表越多的朝代在此建设主要道路或运河，我们不难发现有一些水陆通道具有跨越时代的重要性。

往乌里雅苏台、恰克图
上都（今上都镇）
往齐齐哈尔
吉林
开原
沈阳
锦州
辽阳
往朝鲜半岛
承德
丰州
（今呼和浩特市）
乌兰察布
包头
张家口
北京
蓟州（今蓟州区）
秦皇岛
托克托
大同
涞源
海河
雁门
（今代县）
蔚州
（今蔚县）
保定
天津
往朝鲜半岛
石家庄
太原
德州
往朝鲜半岛
蓬莱（今蓬莱区）
邢台
临清
莱州
济南
临汾
长治
安阳
卫辉
济宁
永济
焦作
郑州
开封
商丘
泗水
连云港
黄河
洛阳
徐州
淮安
许昌
颍水
宿州
南阳
蚌埠
扬州
襄阳
信阳
固始
淮河
合肥
南京
镇江
往日本
苏州
上海
武汉
黄冈
嘉兴
荆州
池州
安庆
杭州
宁波
往日本
长江
九江
富春江
台州
常德
南昌
上饶
衢州
长沙
温州
赣江
抚州
衡阳
福州
沅州
（今芷江侗族自治县）
赣州
永州
泉州
往广州、东南亚
柳州
桂林
韶关
梧州
广州

唐代最繁忙线路

唐代交通最繁忙的当属从长安（今西安）到洛阳、汴梁（今开封）的官道，这条路是东西交通的大动脉，除此之外，还有广通渠连接其间。

不可替代的汴河

唐代形成了以汴河为主干的水运系统，内河航运非常发达。除了汴河以外，还有泗水、颍水等作为支线补充，并与淮河连通。

元代试行海运

元代，因河运漕粮无法满足朝廷需求，加上造船技术快速发展，元政府便开始尝试开辟近海航线，进行大规模海运。

沿大运河而建的御道

在开凿大运河的同时，隋炀帝在运河沿岸修建了道路，叫作“御道”。御道与大运河长度相近，为4000~5000里（2000~2500千米）。

在唐宋时期，御道、大运河与近海航线共同组成支撑中央政权的主要战略通道。

水陆使节路

元代，元大都至广州的驿道因外国使节多经此过，又被称为“使节路”，这条路延用到明清时期。与此对应也有水路至广州，清代马戛尔尼使团从海上来华，返回时从北京经大运河、钱塘江、衢江、赣江至广州的水道离境。

图例

运河

通航河流

海上航线

主要道路

以颜色深浅代表在此建设主要道路的朝代数量：

一个朝代

两个朝代

三个朝代

四个朝代

国都

军事重镇

商业城市

港口城市

水陆兼有的城市

普通城市

有利

大运河的修建有利

大运河是一项伟大的工程，其贯通南北，促进各地区交流以及物资的流通。此外，运河还带动了沿途城市的经济发展。

唐代

繁荣有序。
公家运漕，私行商旅，舳舻相继。

政治家 **李吉甫**

水运至关重要！
尽道隋亡为此河，至今千里赖通波。若无水殿龙舟事，共禹论功不较多。

诗人 **皮日休**

宋代

功在当代，利在千秋。
假手隋氏，而为吾宋之利。

诗人 **陆游**

漕运与国家兴衰密切相关！
今日之势，国依兵而立，兵以食为命，食以漕运为本。

政治家 **张方平**

元代

用途广，利益巨大。
运河二千余里，漕公私物货，为利甚大。

《元史》

让各地资源流通。
运河既深又宽，就像真正的河流一样。它为中国起到非常好的联结作用……能够让满载货物的商船在中原大地上畅行无阻。

探险家 **马可·波罗**

明代

雄伟壮阔！
大运河实在是美极了，是世界奇迹啊！

传教士 **利玛窦**

中立

持中立态度

大运河虽然在很多方面发挥了重要作用，但在修建、设计方面仍有不足。

运河实现了资源的集散和流通。
朝廷命令建造大量船只，从南方诸省运输粮食、香料和各种商品到北京。

探险家 **麦哲伦**

投入巨大，为什么不选择海运呢？
从扬子江来的私商，是不允许进入这些运河的……以便运往皇城的货物不致糟蹋。然而，船的数量是如此之多，经常因为互相拥挤而在运输中损失许多时日……维持这些运河通航的费用每年达到一百万……人们可以采取一条既近、花费又少的海上路线，但害怕海洋和侵扰海岸的海盗……以至于他们认为从海路向朝廷运送供应品会危险得多。

传教士 **利玛窦**

明代

有弊

大运河的修建有弊

大运河修建工程长达数百年，资源消耗巨大；水利设施设计原始，通行效率低，存在很大安全隐患；对运河的维护阻隔了河流，导致周边地区江河日渐干涸，生态逐渐被破坏。

修建费钱又费力。
东南四十三州地，取尽脂膏是此河。

政治家 **李敬芳**

存在安全隐患！
予所乘舟敝朽而舟卒驽，往往触碰呼号，险怖为甚。

政治家 **严嵩**

水路密集，四通八达。
中国人历尽艰辛，巧妙筹划，使全国水路四通八达，全国各地都有水路与北京相通。

外交官
尼斯·米列斯库

宏伟壮丽！
不见潞河之舟楫，则不知帝都之壮也。

文学家
朴趾源

清代

修建质量高，带动周边发展。
运河修得非常整齐，两岸村庄优美，农田平坦肥沃，丰硕得就如地上的乐园。

旅行家
约翰·尼霍夫

运河之所以得以实施，归功于设计者的匠心与技艺。
运河的设计者必然高屋建瓴、独具匠心，才能设计出这项贯通南北的巨大工程。

汉学家
小斯当东

漕运至关重要！
漕运之制，为中国大政。

政治家
康有为

清代

伟大的工程，在历史发展过程中发挥重要作用。
这确实是一个伟大的工程，大运河的河道同世界上两条最大的河流连接起来，而其中一条是变迁最大的。
今天它再次畅通，并开始在社会主义制度下，实现一个国家的公共效用，这是过去封建官僚规划者所预料不到的，它在20世纪比13世纪服务得更好。

汉学家
李约瑟

近代

水闸多，操作困难。
从清江浦到临清，必须通过58个水闸，这些水闸都要费很大工夫才能启动。

旅行家
约翰·尼霍夫

运河航运提供了大量工作机会。
中国的大工程仍需要大量劳动力完成……这种笨拙的方法，或许并不意味着不知道其他可行之法，而是政府不愿革新，以免剥夺成千上万人的微薄生计。

旅行家
约翰·巴罗

清代

也和其他伟大工程一样，成为了舆论焦点……

大运河是中国历史上的一项重要的水利工程，然而，对于大运河的建设，不同朝代、不同立场的人们看法却存在差异。有人认为大运河的修建有利于促进经济发展和物资运输，有人则认为它存在安全隐患，还带来了财政负担与环境问题，还有人保持中立。你对大运河的修建有怎样的看法呢？

似乎有些评价过高了。
这条沟通帝国两大部分交通往来的著名水道，被认为是凝聚了辛苦的不朽之举，在我看来，如果看作是人类劳作和人类技术巨大力量的典范，似乎有些评价过高了。

外科医师
克拉克·阿裨尔

设施设计原始，不安全。
整个设计十分原始，操作时很不安全，在固定竖立木桩时木桩有可能歪倒，支撑它们的绳子也有可能被拉断。

外交官
亨利·埃利斯

通行效率低，不安全。
例如镇江，满载的船队一望无际，却只有一条狭窄水巷可以通行；从通州到天津，竟花了两天时间。
在浙江，控制水流从高向低流的是泥坡，而不是我国所用的水闸……有时船滑落的速度非常之快，以致能引发严重事故。

探险家
伊莎贝拉·伯德

操作过于原始。
当需要把一条船移动到另一个水平面的不同河道时，就用泥泞的滑道充数。

探险家
威廉·埃德加·盖洛

历代以漕运为主导，也带来了很多问题。
历代朝廷都毫无差别地认为，漕运的利益远在灌溉或防洪之上，由此造成的结果是，大运河日渐增高的堤防，阻塞了淮河的出口，造成严重的泛滥和周期性的冲决，终于使运河落到很不幸的时代。

汉学家
李约瑟

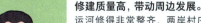

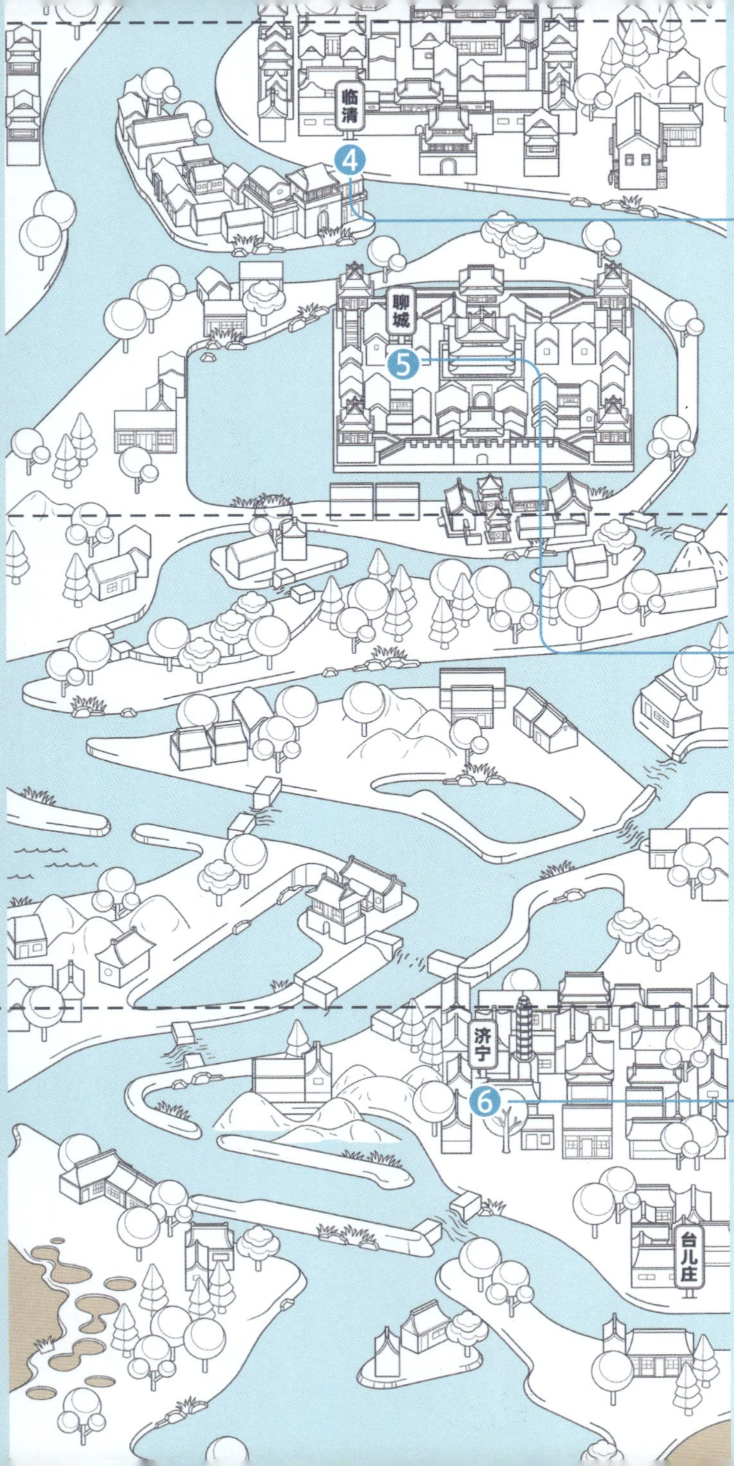

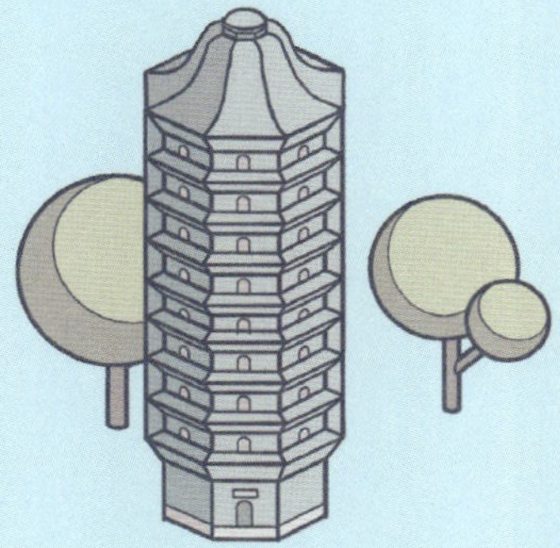

临清

临清所在的位置也是一处河口，河流交汇处自然形成繁忙的商埠城镇，运河边还有一座舍利塔。

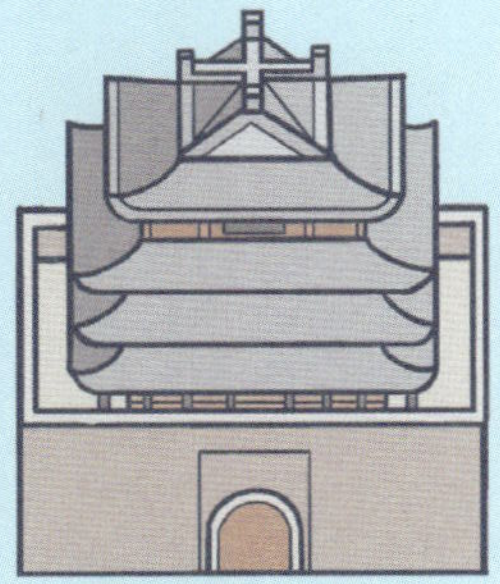

聊城

这座古城被湖泊环抱着，它的城市格局令人过目难忘，这里便是聊城的中心城区。

济宁

这里有一系列船闸次第分布，不难看出此处地形复杂、行船不易，运河至此需“翻山越岭”。这就是运河水脊——济宁。

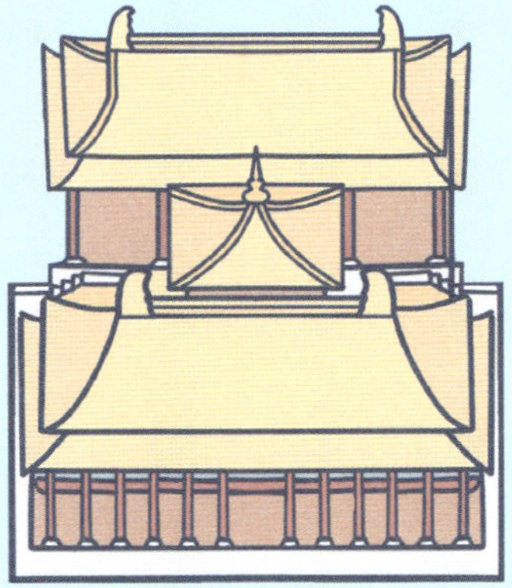

北京

看这雄伟的宫殿、独特的白塔和高耸的燃灯塔……这里就是京杭大运河的北起点！

天津

天津是北京东南的一座大城市，有几条河流交汇于此，城市中还同时拥有教堂和寺庙。

沧州

注意到这只铁狮子了吗？这是沧州的标志性文物，是后周时期当地百姓为镇压水患而集资铸造的。

看过这么多大运河的地图，我们不妨换一个角度，连起来看！

▶▶▶是时候打开大运河百景图了！

打开大运河百景图，你将会看到无数河流与大小城市。
你可以尝试完成以下两个挑战，来更多地了解大运河：

挑战 1：找到大运河主线

要想读懂这张图，你需要先辨认出哪里是大运河。（你可以用铅笔跟着大运河主线从头到尾走一遍。）

挑战 2：填写城镇名字

在大运河百景图上，你一共可以找到 12 个空白立牌，它们分别位于大运河经过的不同城镇中，根据图中的线索和你掌握的知识把正确的名称写上去吧！

翻开这里，查看答案

02

一河兴土木

修筑大运河，凝聚了无数人的劳动和智慧，
解决了很多工程难题，比如：
怎么顺利行船？
怎么获得水源？
怎么翻越制高点？
怎么穿越黄河？
怎么确保运河两岸的畅通？

有了这些保障，来往船只才能在运河上穿梭。

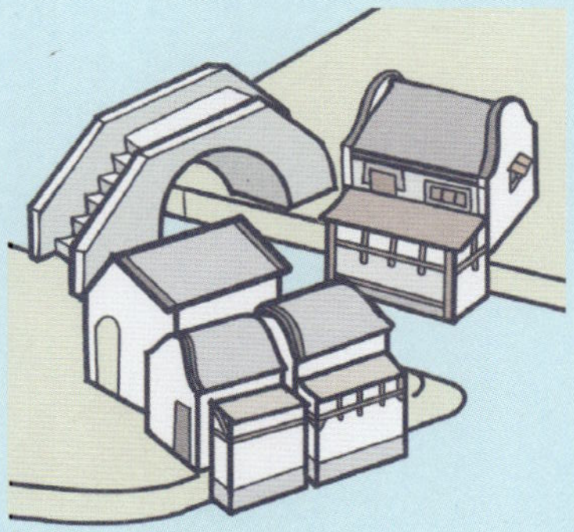

无锡

这座城市水网密布，大运河穿城而过，这里是江南水乡——无锡。

苏州

苏州，又是一座运河畔的城市！这座城里小桥流水自成一景，还有古塔、园林和寺院，处处精致。

杭州

这里是京杭大运河的南端，能同时看到平静的西湖和浪潮不断的钱塘江。

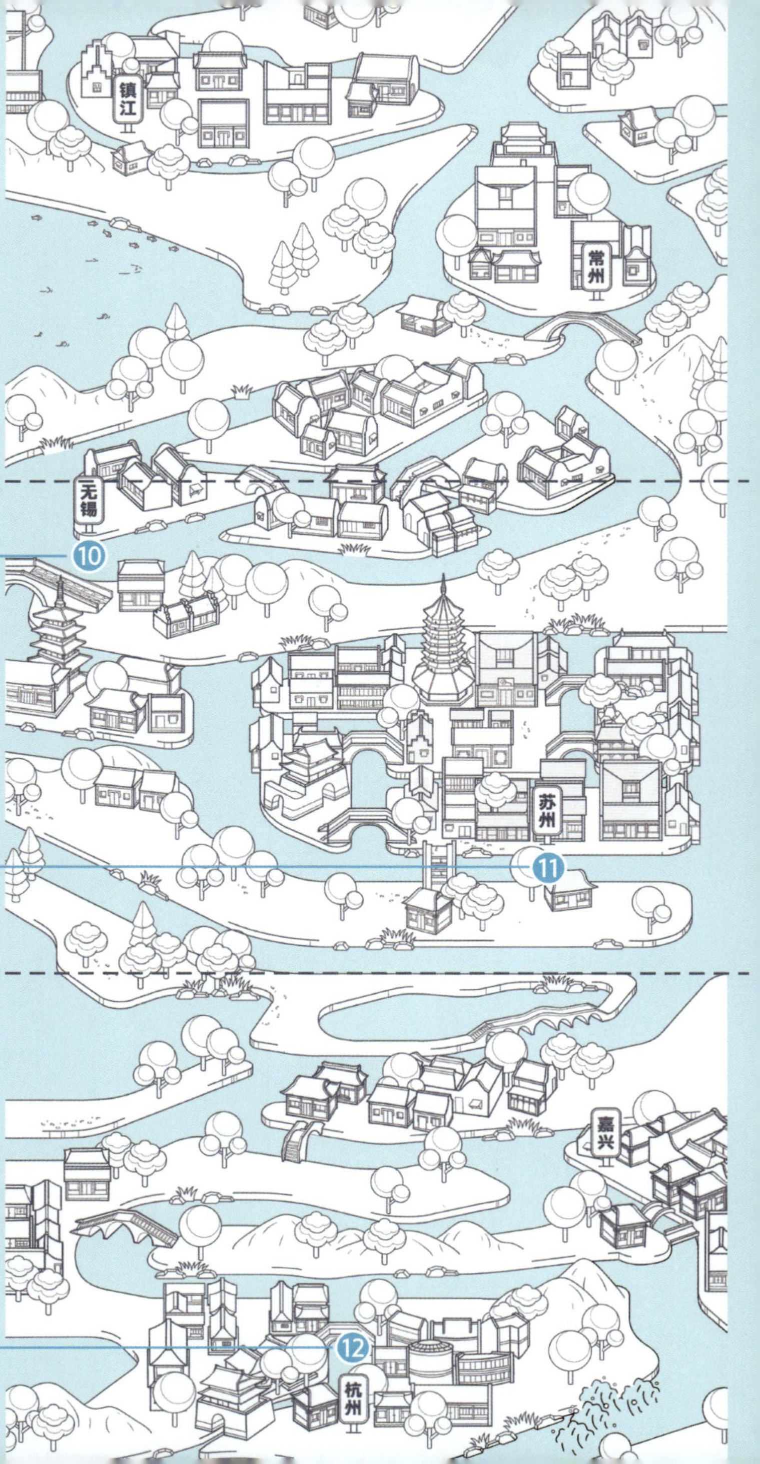

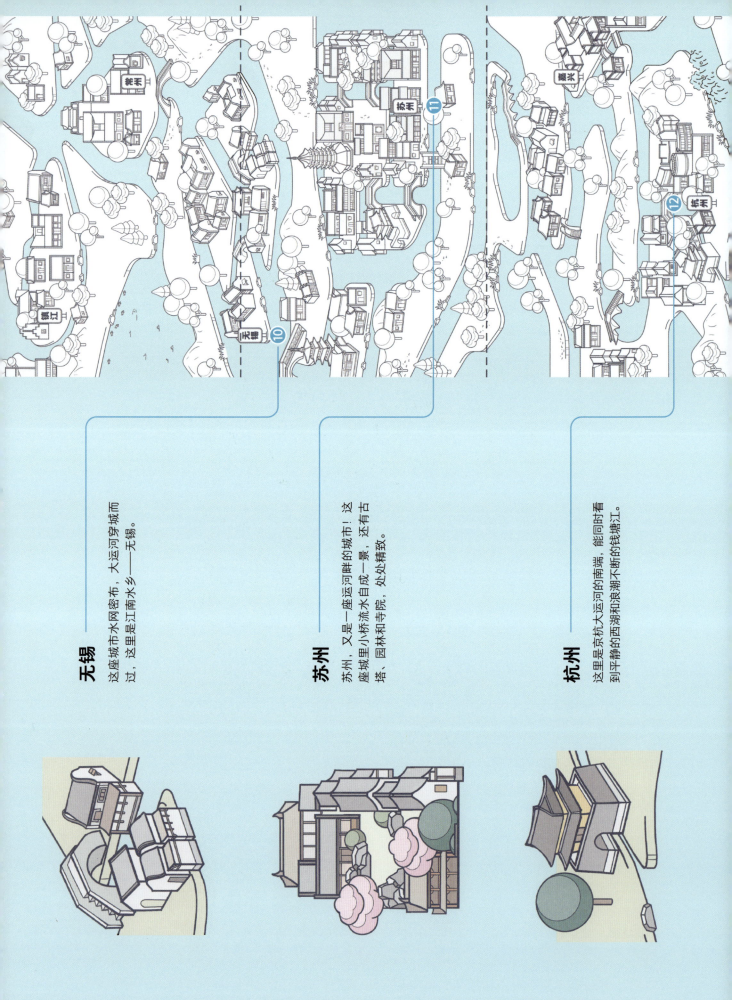

宿迁

经过几个大型湖泊，我们来到了宿迁。仔细看，这里还有一座清朝皇帝下江南住的宫殿呢！

淮安

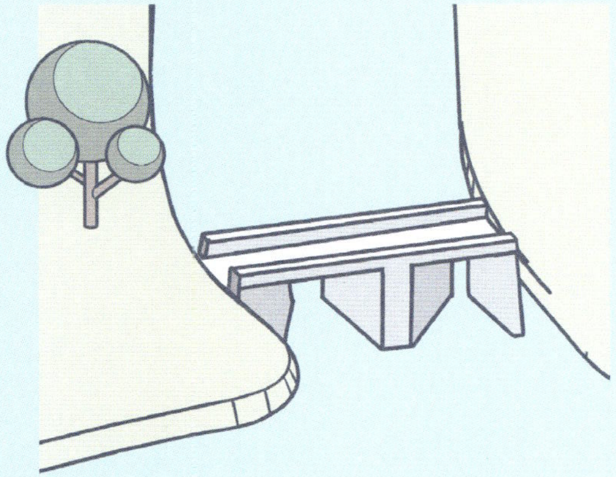

淮安地处运河与淮河交汇处，且周围河湖交织，在这儿修大运河并不简单。这段运河集合了船闸、堤坝等多种设施。

扬州

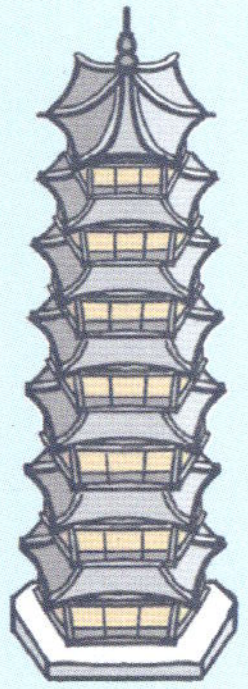

扬州城南临长江，自古就是繁华之地，城中精美的建筑林立。

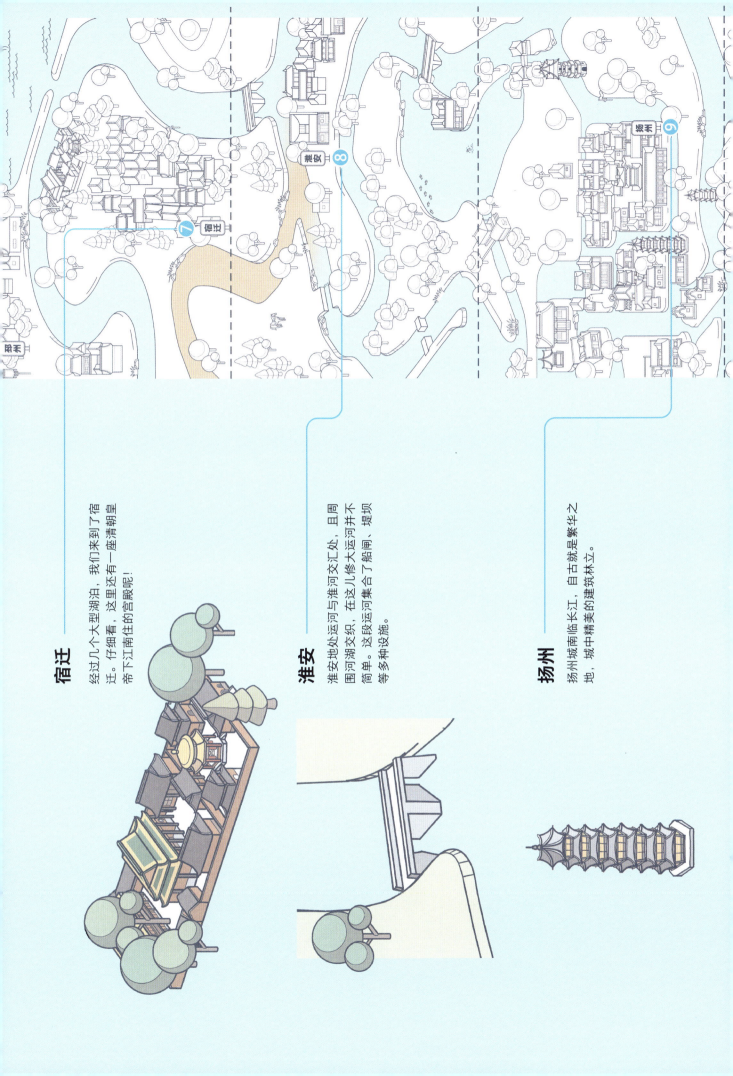

修筑大运河，凝聚了无数人的劳动和智慧

大运河是中国古代的超级工程之一，历时上千年，各朝各代投入了大量人力、物力，集结了许多人的智慧和心血。下图展示的是不同朝代参与开凿、疏浚运河的人数。本页仅展示了较为知名的一部分工程，还有无数人曾为建设大运河做出过努力和牺牲。

中国古代超级工程

秦始皇筑长城

《史记》记载，秦国统一天下后，大将蒙恬率 30 万人修筑长城（也有记载是 50 万人）。与大运河相似，后来历代都投入大量人力修建长城。例如北齐征 180 万人筑长城，隋代也动用了百余万人筑长城。

→ 下图每个黄色小人代表一万人。因为历史记载中常常有虚指的情况，所以以虚化的人来表达。

背景色块越长，代表运河越长。↓

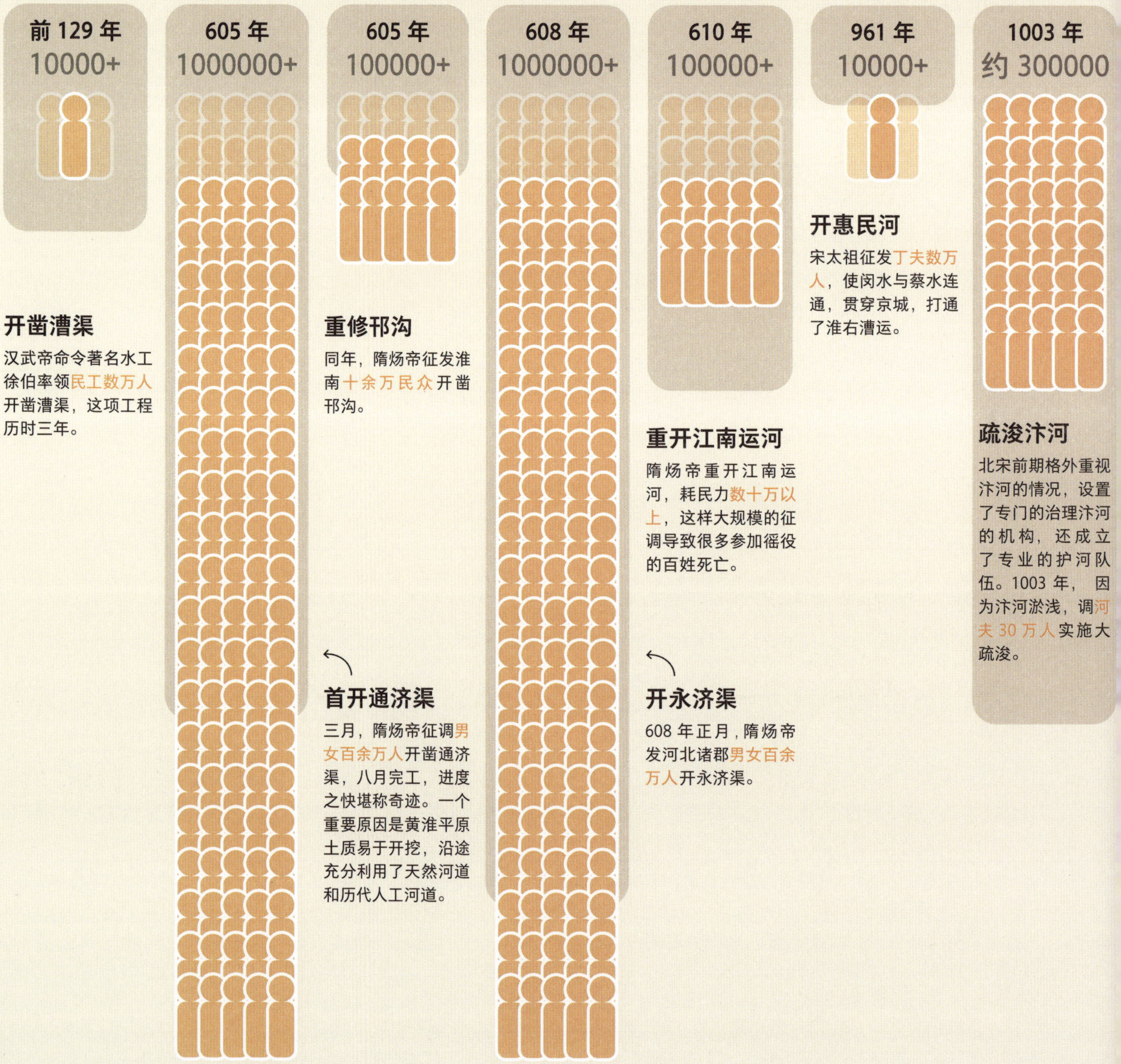

开凿漕渠

汉武帝命令著名水工徐伯率领民工数万人开凿漕渠，这项工程历时三年。

重修邗沟

同年，隋炀帝征发淮南十余万民众开凿邗沟。

首开通济渠

三月，隋炀帝征调男女百余万人开凿通济渠，八月完工，进度之快堪称奇迹。一个重要原因是黄淮平原土质易于开挖，沿途充分利用了天然河道和历代人工河道。

开永济渠

608 年正月，隋炀帝发河北诸郡男女百余万人开永济渠。

重开江南运河

隋炀帝重开江南运河，耗民力数十万以上，这样大规模的征调导致很多参加徭役的百姓死亡。

开惠民河

宋太祖征发丁夫数万人，使闵水与蔡水连通，贯穿京城，打通了淮右漕运。

疏浚汴河

北宋前期格外重视汴河的情况，设置了专门的治理汴河的机构，还成立了专业的护河队伍。1003 年，因为汴河淤浅，调河夫 30 万人实施大疏浚。

朱棣营建北京城

1406 年，朱棣命人开始伐木材、造砖瓦，建材随漕船北运，同时开始的还有人员调集。北京城修建过程中，征调的工匠人数达 23 万，应召赴北京服役的兵士和民夫多达上百万人。

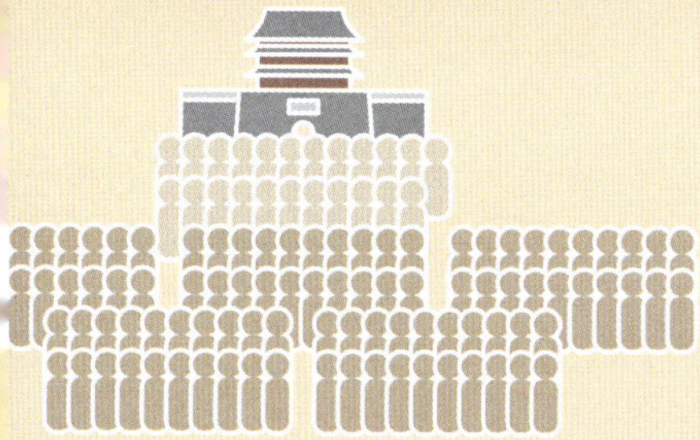

兴建大运河的人们从哪里来？

以通惠河为例，1292 年参与开凿通惠河的两万多人中：

军人 19129 人

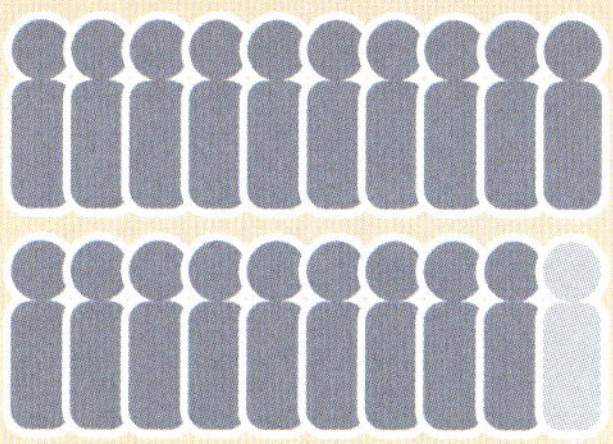

工匠 542 人，水手 319 人，囚徒 172 人
（每个蓝色和灰色小人代表约 1000 人）

徭役 徭役指古代统治者要求百姓参军作战和参与劳动。在唐以前这是修河人力的主要来源，大量民众无偿参与治河，隋朝时征调民夫达到最高峰。

军队 大型运河工程需要较多人力，历代都派遣军队参与。在宋、元的运河工程中，军队发挥了主要作用，宋代还发展出负责日常维护河道的河清兵。

招募 唐代出现役夫出钱找代役、政府出钱招募工匠的情况，到清代全面改为招募民夫，有时也会招募一些饥民、流民。

1069 年
约 60000

疏浚御河

征调镇、赵、邢、洺、磁、相州兵夫共 6 万人，大规模疏浚御河。

1083 年
100000+

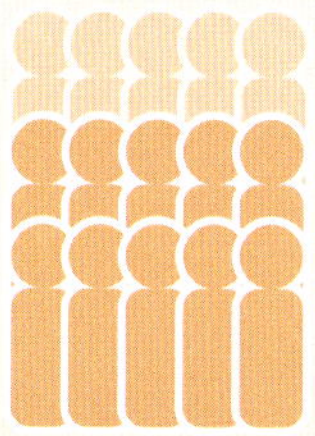

开龟山运河

龟山运河工程征调了 12 个州的民夫 10 万余人，工程用时一个多月就完成了。

1289 年
约 30000

开会通河

征东平临近郡县夫役 3 万人，拨钱 150 万缗（1000 文铜钱为一缗），米 4 万石，盐 5 万斤作为经费。

1292 年
约 20000

开通惠河

开凿通惠河共用军匠 2 万人，耗银 152 万锭，粮食 3.9 万石。忽必烈非常重视这项工程，丞相以下都亲自参加劳动。工程历时 11 个月，冬夏寒暑都不中断。

1407 年
约 200000

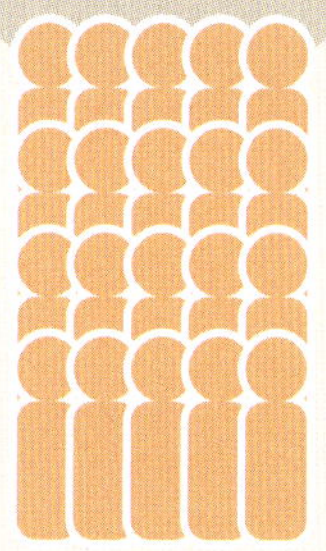

治理通惠河

发 20 万民丁疏浚瓮山泊至通州河道，准备恢复水运，但后来也没能通航。

1411 年
300000+

治理会通河

朝廷调发山东及南直隶徐州、应天、镇江等地民工 30 万人，由宋礼带领治理会通河，约 200 天完成。

1737 年
100000+

治理淮扬运河

淮水弱不敌黄，致使黄河进入运河，清口至瓜洲三百里泥沙淤塞。朝廷发动民夫数十万疏浚淮扬运河。

潘季驯

潘季驯是明代治理黄河和运河的水利学家。他提出的“束水攻沙”和“蓄清刷黄”策略沿用至清末。

在开挖之前，需要准备什么？

这里以元代开凿会通河为例

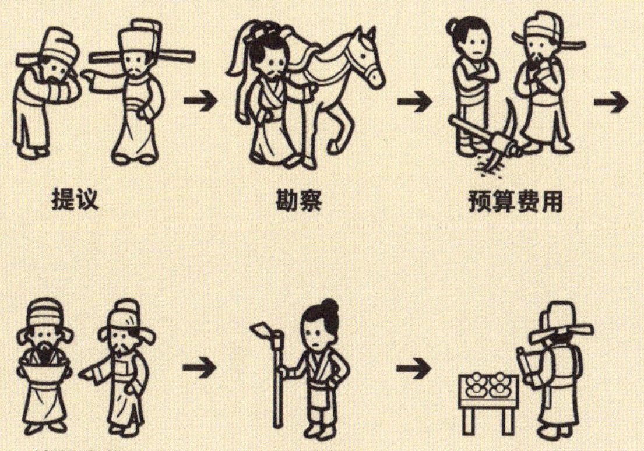

郭守敬

郭守敬是元代天文学家和水利专家，他考察了河北、山东江淮地形，规划山东运河，提出并主持通惠河工程。

宋礼

宋礼主持修建会通河。为了确保河道畅通，他还制定了“每年一小挑，间年一大挑”的维护制度。“挑”即“挑浚”，指清除淤塞，开通河道。

靳辅

靳辅曾担任河道总督，他提出综合治理黄、淮、运三条河流的方案，主持开凿中河，并著有《治河方略》。

解决了很多工程难题，比如：怎么顺利行船？

大运河主要借助天然水道而建，有些地区因地势起伏、坡降（河床纵向坡度的变化）很大，使得船只通行十分困难。为保持航运通畅，大运河全线陆续修建了许多堰埭、船闸等梯级通航设施。这些设施从简易逐渐发展到精细复杂，不同类型各有优劣，有些甚至沿用至今，体现了古人的辛劳与智慧。

运河通航有什么困难？

解决
坡降大，爬坡难
设置船闸，逐级抬升

有的河段坡降较大，可以设置水闸来调节水位，使船只逐闸浮升，顺利爬坡

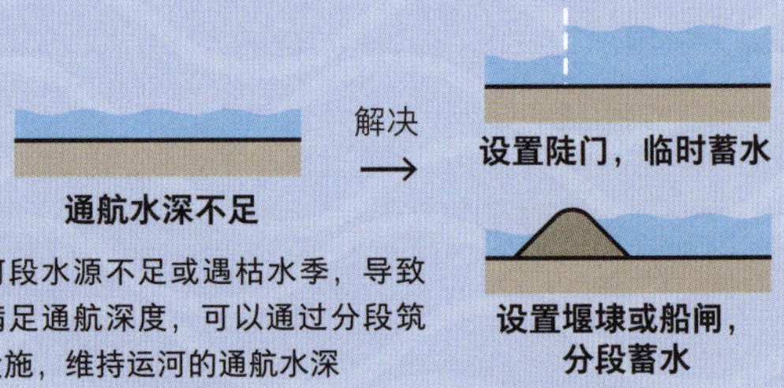

解决
通航水深不足
设置陡门，临时蓄水
设置堰埭或船闸，分段蓄水

有的河段水源不足或遇枯水季，导致无法满足通航深度，可以通过分段筑拦河设施，维持运河的通航水深

陡门（斗门）

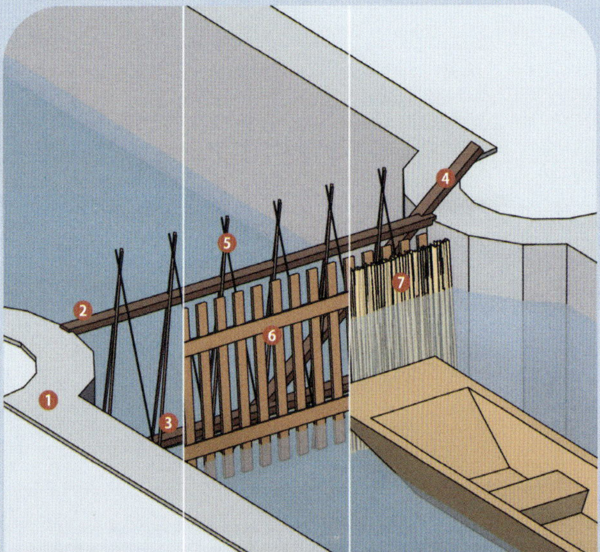

1
2
3
4
5
6
7

❶ 墩台 ❷ 面杠 ❸ 底杠 ❹ 小陡杠
❺ 杩槎 (mà chá) ❻ 水拼 ❼ 陡簟 (diàn)

陡门是秦代开凿的灵渠上特有的简易活动坝。

当船需要通行但河中水量不足时，可以临时安装各个部件，拼起陡门以蓄水。等水位足够时，用力敲掉小陡杠，整个结构立刻坍塌，船只就可以趁水势顺流而走。各部件不仅材料易得，还能打捞重复使用。

如何使用陡门？

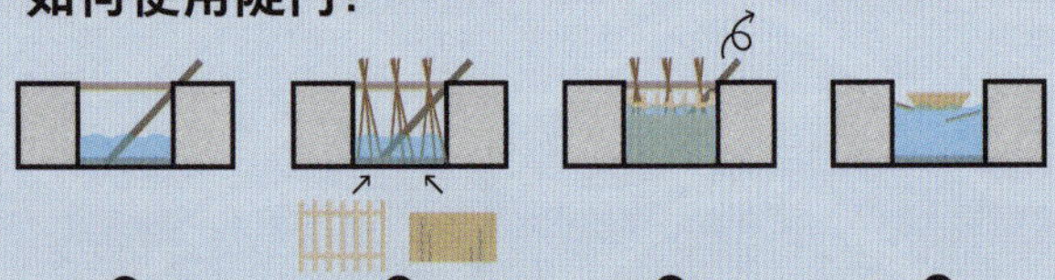

❶ 安装小陡杠、面杠和底杠

❷ 将杩槎架在面杠上，放置水拼，贴上陡簟

❸ 待蓄水足够，敲掉小陡杠

❹ 各部件坍塌，船只顺流而下

堰埭（车船坝）

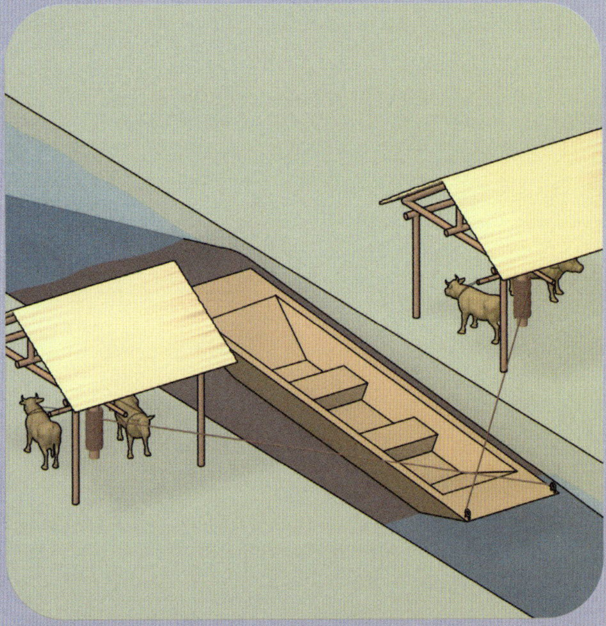

堰埭是由草土或土石筑成的拦河坝式构筑物。堰埭可以横截河流，保证有足够的水来维持通航。

船想要通过堰埭，需要用人力或畜力将船拖上斜坡。为了方便拖拽，常在斜坡敷上泥浆来减少摩擦，但这种方式还是耗时费力，而且会磨损船只。

堰埭早在三国时期修建的破岗渎就有出现，直到近代都还能见到，浙江海宁仍有长安堰遗址。

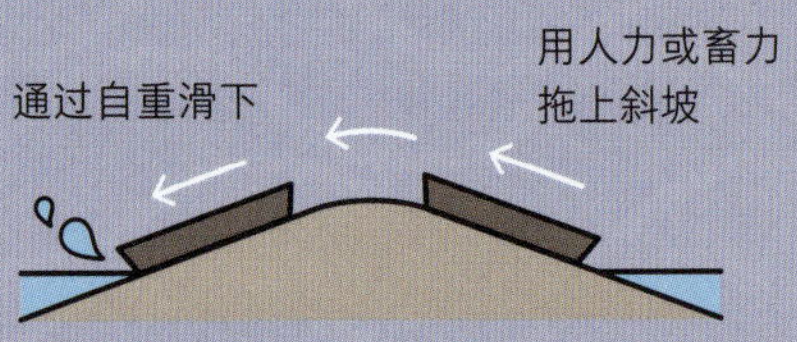

通过自重滑下
用人力或畜力拖上斜坡

船闸

船闸在秦代修灵渠时就有出现，在宋代达到高峰。在宋代，运河的水闸制作材料逐渐由木质或石木混合变为石质，结构逐渐由悬门式（使用一整块闸板）转变为叠梁式（使用多块单独的闸板叠放在闸门槽中）。而元代以后铁锭榫等铁质建材开始被大量使用，船闸修建法式也基本确定下来。北宋时的复闸是现代船闸的雏形，后来在复闸的基础上又改进创造了澳闸。

转动两侧绞盘即可拉起闸板，开启闸门
中间夯土的夹板墙
闸板
木质底板

宋代木构水闸

木构水闸起源较早，宋以前的水闸多为木构。木构水闸取材方便，易修建，一般只用到木质和铁质物料，对地质条件要求不高，但它容易被水浸腐，耐久性不强。

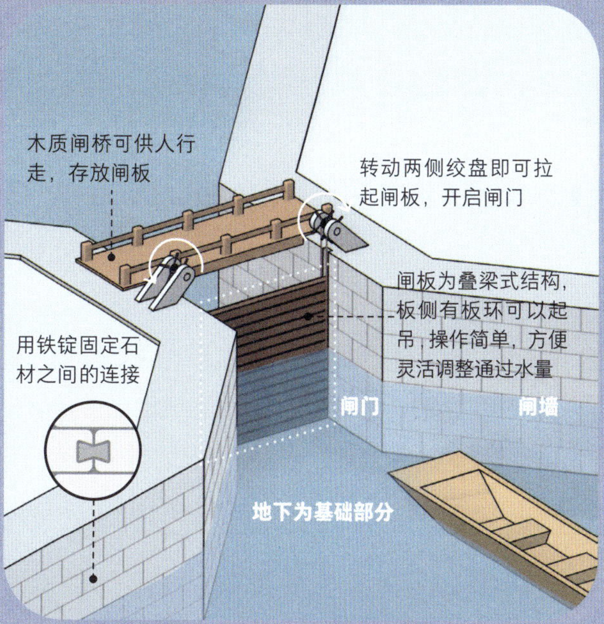
木质闸桥可供人行走，存放闸板
转动两侧绞盘即可拉起闸板，开启闸门
闸板为叠梁式结构，板侧有板环可以起吊，操作简单，方便灵活调整通过水量
用铁锭固定石材之间的连接
闸门
闸墙
地下为基础部分

元代石结构水闸

上图参考通惠河上的庆丰闸，它的结构是元、明、清运河水闸的典型模式。这是一个叠梁式一孔石闸，结构大体可分为闸门、闸墙、基础三部分。它的闸墙由条石砌筑，闸墙上有闸门槽，闸板卡在槽内。

复闸

复闸就是多个通航闸联合使用。早在南朝时在扬子津（位于今扬州市）就出现了二陡门联用的实践。到了唐宋时期，复闸已经十分完善，这比欧洲早了 180 多年。复闸在实际运作中需要复杂的管理，有专员负责操作和维护。

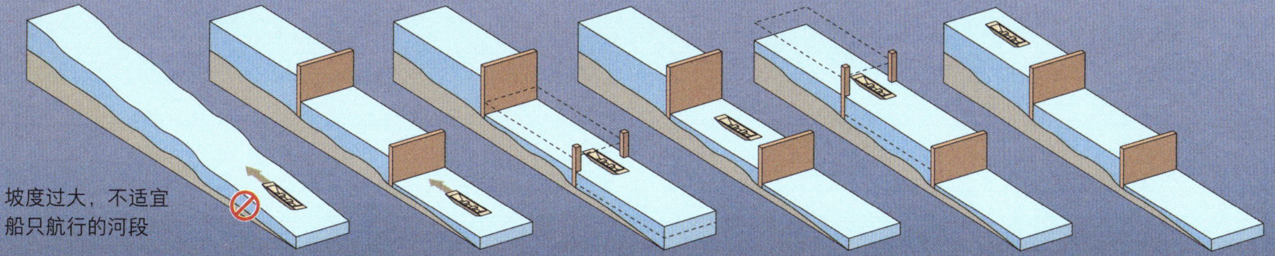
坡度过大，不适宜船只航行的河段

澳闸

一些区域天然水域不够丰富，而船闸的反复开关会流失很多河水，这在没有动力设备的古代是一个大问题，甚至可能导致船闸的废弃。北宋中后期出现了更为先进的澳闸技术，通过在河道旁修筑蓄水池（水澳）来节水辅航，镇江京口澳闸就是其中的代表。

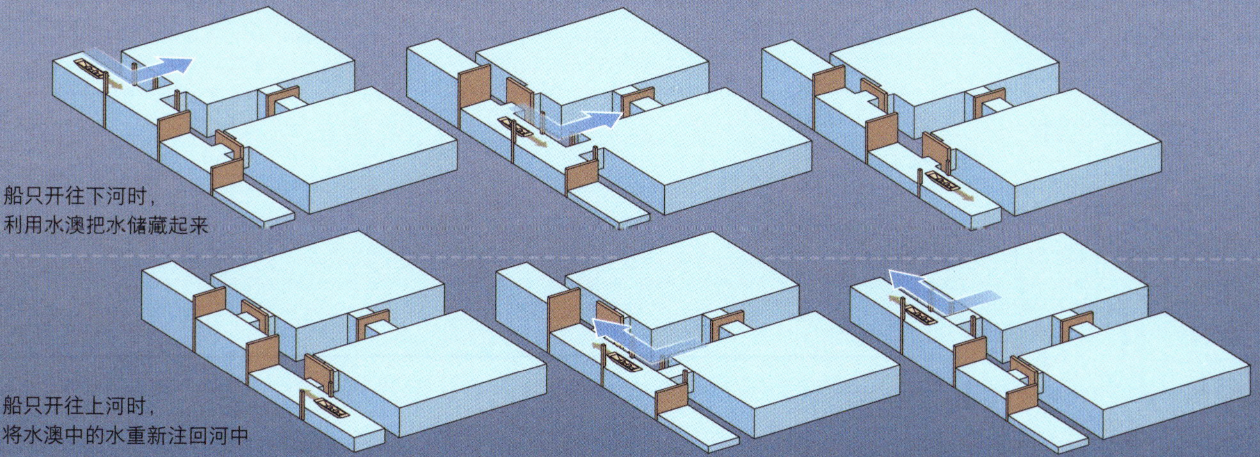
船只开往下河时，利用水澳把水储藏起来
船只开往上河时，将水澳中的水重新注回河中

怎么获得水源？

人工运河首先要考虑的问题是水源，人工运河没有独立的水源，而货运船只对河道的宽度、深度、水量皆有要求。最常用的方法就是在源头和沿途充分利用泉水、河水和湖泊之水。而如何处理天然河流与运河的交汇，以及如何防洪、泄洪，也大有学问。

清水口工程

白浮瓮山河与多条山溪交汇，为此郭守敬在渠道上设置了 12 处“清水口”。清水口是山溪与运河交汇处的交叉工程，建造时将山溪汇入处河堤修建得很低，保证山溪来水可以直接流入渠道；在山溪汇入处的对岸，即山溪下游方向的河堤，多用荆笆（一种荆条席子）编笼装石头制成临时性建筑材料。平时，山溪泉水可以自然流入渠道，洪水来时这种特殊的河堤便会被冲毁，让山洪很快被排泄到下游河道。山洪过后，被冲毁的河堤很容易修复，可以确保供水。

平缓溪水
白浮瓮山河
荆笆笼装石
制成的河堤

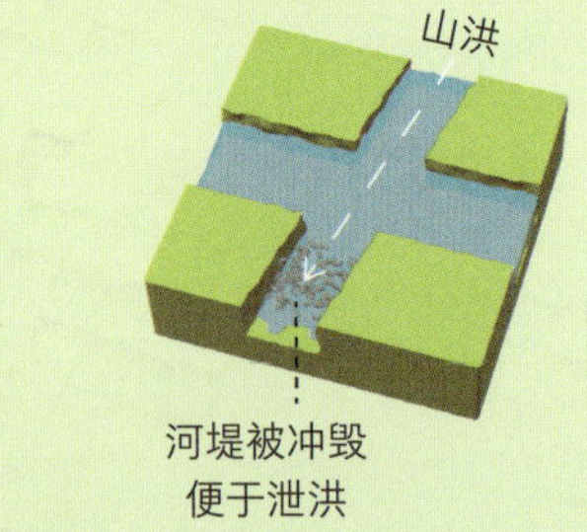
山洪
河堤被冲毁
便于泄洪

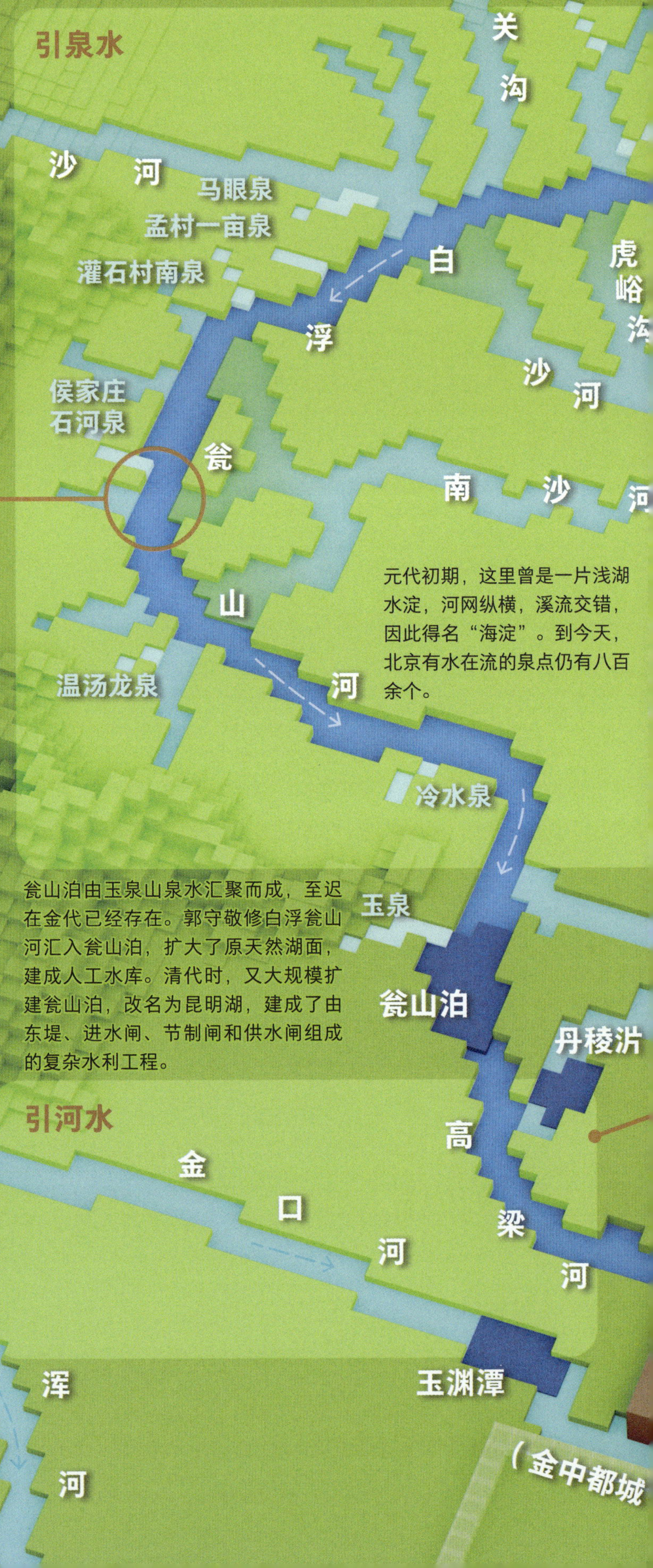
引泉水
关
沟
沙
河
马眼泉
孟村一亩泉
灌石村南泉
白
浮
瓮
山
河
虎
峪
沟
沙
河
侯家庄
石河泉
南
沙
河
温汤龙泉
冷水泉
玉泉
瓮山泊
丹稜沜
引河水
金
口
河
高
梁
河
玉渊潭
浑
河
（金中都城

元代初期，这里曾是一片浅湖水淀，河网纵横，溪流交错，因此得名“海淀”。到今天，北京有水在流的泉点仍有八百余个。

瓮山泊由玉泉山泉水汇聚而成，至迟在金代已经存在。郭守敬修白浮瓮山河汇入瓮山泊，扩大了原天然湖面，建成人工水库。清代时，又大规模扩建瓮山泊，改名为昆明湖，建成了由东堤、进水闸、节制闸和供水闸组成的复杂水利工程。

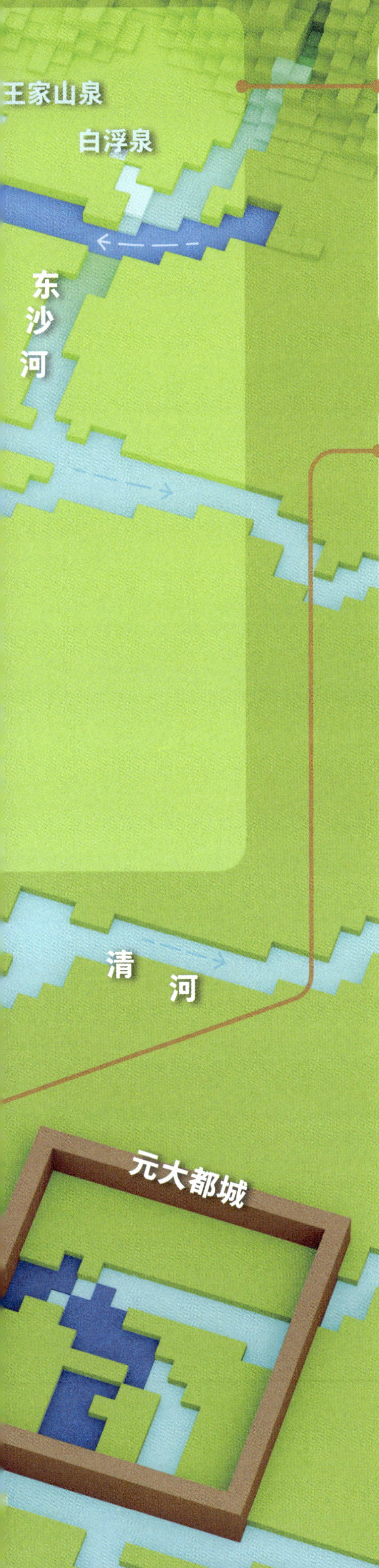
图例
泉水
湖泊
引水路线
其他河流
北
元代北京城区河道示意图
与白浮瓮山河路线推定示意图
王家山泉
白浮泉
东沙河
清河
元大都城

引泉水

泉水不如大江大河来得丰沛，不过也是一些临近山区、地表缺水、地质结构复杂的地区的宝贵水源。

元代时，在大运河的源头北京，郭守敬曾为了寻找水源来修复由都城通往通州的运河而踏遍京郊，在龙山脚下，他终于找到了水量大而稳定的白浮泉水。但由于昌平与大都之间有沙河、清河阻拦，白浮泉无法直接引向东南，郭守敬决定沿山麓引水西行再向南，沿途再继续补充若干处其他泉水，最终形成了白浮瓮山河引水渠。白浮瓮山河最后汇入瓮山泊（今昆明湖），继而流入大运河。

引河水

自然河流是人工运河的常见水源，但其中也有复杂的工程问题：一方面，不是所有河流都适合作为水源；另一方面，河流与运河的交汇也是工程难题。1172 年，为了运输物资到金中都，金代开凿金口河，它以浑河（今永定河）为水源，连接金中都北护城河，再往东通向通州。但由于浑河的坡度太陡、河水含沙量高，不利于航运，而且对金中都造成威胁，十余年后便废弃。

到了元代，朝廷在 1266 年、1342 年两次重开金口河，但都因为卢沟河水暴涨无常、冲崩堤岸，实际使用效果并不理想，不久便罢用。

引湖水

湖泊水量充沛且水面平稳，可以被巧妙地引为运河的组成部分。例如会通河一段，水源主要来自鲁中山地的汶、泗两水系。引入湖泊可以为运河蓄水、补水，很好解决了汶泗流域全年径流量分配极不均匀的问题，尤其是漕粮起运的春季正值枯水期，水量严重不足。

为了保证水源，会通河沿线设置了一系列水柜（水库），用来调节运河的流量。大致以济宁为界，北五湖主要为运河供水，南四湖则接收多余之水。

清代北五湖南四湖示意
东平
汶水
泗水
南旺
济宁
1
2
3
4
5
6
7
8
9
山东
江苏
河南

北五湖

1 安山湖　2 马踏湖　3 南旺湖

4 蜀山湖　5 马场湖

南四湖

6 南阳湖　7 独山湖

8 昭阳湖　9 微山湖

怎么翻越制高点？

大运河在流经山东境内时，受到泰山阻隔，地势陡然升高，即便河道向西迂回，仍然需要翻越 30 余米高的坡地，其间济宁汶上县的南旺镇地势最高。元朝时，济宁到临清的会通河因中间高、两端低的地势，加上水源不足和黄河淤垫，经常断流，使漕运大受影响。为了解决这些问题，让运河之水顺利翻越最高点，明代著名水利官员宋礼重开会通河，并与当地的智者白英老人一起在南旺镇设计、修建了南旺分水枢纽工程，保证了后世大运河的长期畅通无阻。

戴村坝
1
小汶河
2

漕路三千里，南旺居其高

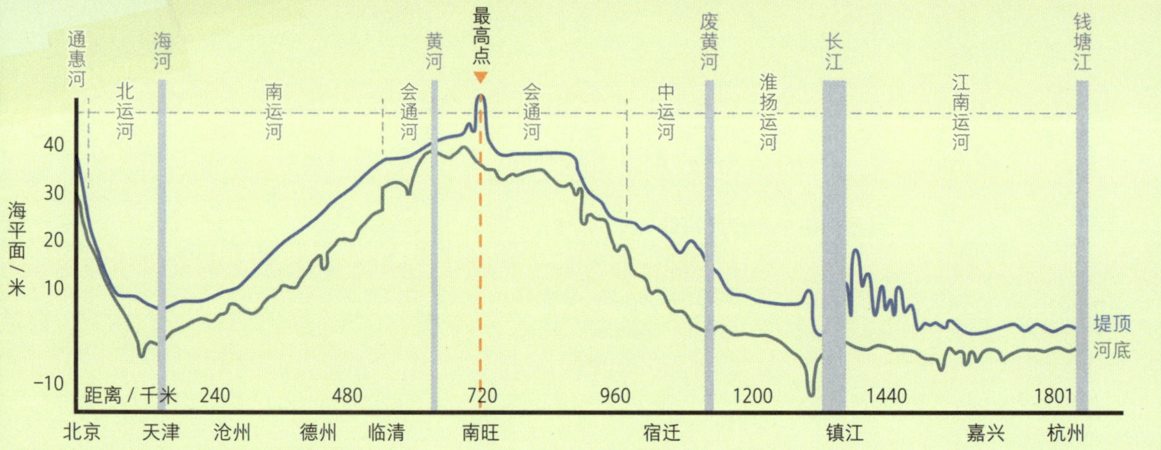

通惠河
海河
黄河
最高点
废黄河
长江
钱塘江
北运河
南运河
会通河
会通河
中运河
淮扬运河
江南运河
海平面 / 米
40
30
20
10
-10
距离 / 千米
240
480
720
960
1200
1440
1801
北京
天津
沧州
德州
临清
南旺
宿迁
镇江
嘉兴
杭州
堤顶
河底

工程修建历史

元 至元年间

郭守敬考察山东区域水文结构，为南旺枢纽的建设打下基础。

明 永乐年间

宋礼主持疏通会通河、修建戴村坝与小汶河、设南旺湖等水柜，漕运通过此地可直达通州。

明 成化年间

沿会通河建造了更多船闸和水坝，进一步保障了航运畅通。

明 万历年间

戴村坝改土坝为垒石滩，后来又改为砌石溢流坝，强化了泄洪功能。

清

南旺枢纽经过了多次整修和改建，后来因为大运河停止漕运而废弃。

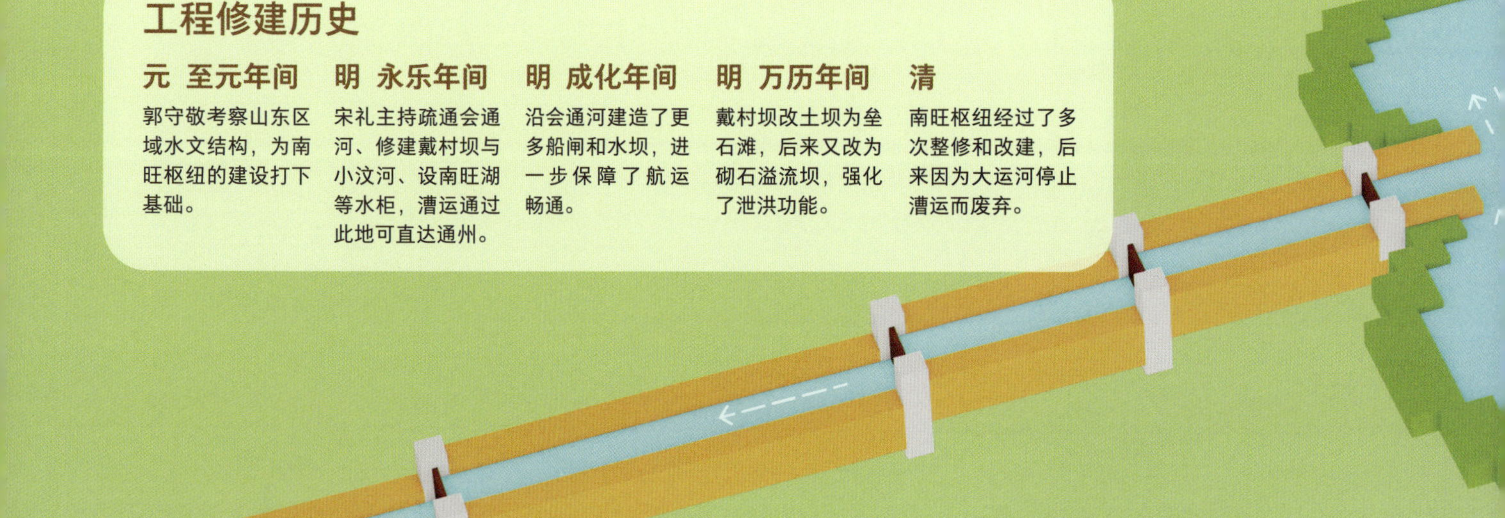

③ 建南旺分水口以分水

小汶河流至南旺，就来到了运河的最高点，进而向南北两侧分流。为调节两个方向分别的流量，古人在这里建立了一个巧妙的分水口，即先在小汶河与运河交汇的丁字口的对岸，筑砌了一道近 300 米长的石护坡，以抵挡汶水的冲击，又在河床底部修建了一个鱼脊形状的石拨，改变其方向和位置就可以调整分流比例，通常为“七分朝天子，三分下江南”。

汶 河
北

❶ 建戴村坝以截水

要让运河翻越南旺，首先就要补充水源。恰巧运河东北方向的汶河地势比运河更高，可以引为水源。

永乐九年（1411 年），宋礼采用汶上老人白英的建议，在戴村筑坝建分水工程用以拦截汶河，使其经小汶河流入南旺地区。

戴村坝最初为土坝，后来改为砌石溢流坝。戴村坝设计精妙，由三段高度不同的坝体组成，分级漫水，被誉为“北方都江堰”。

❷ 疏小汶河以引水

小汶河属汶河的一个岔流，原已淤塞不通，为了引汶水入运河，小汶河被重新疏通。

为减缓河水流速，增加河床储水量，河道被故意设计得非常弯曲，共有大小湾 80 多个。

由于汶河的水量远大于此岔流，小汶河经常出现洪水外溢，直到明代中后期才设置了泄水斗门等防洪排洪工程。

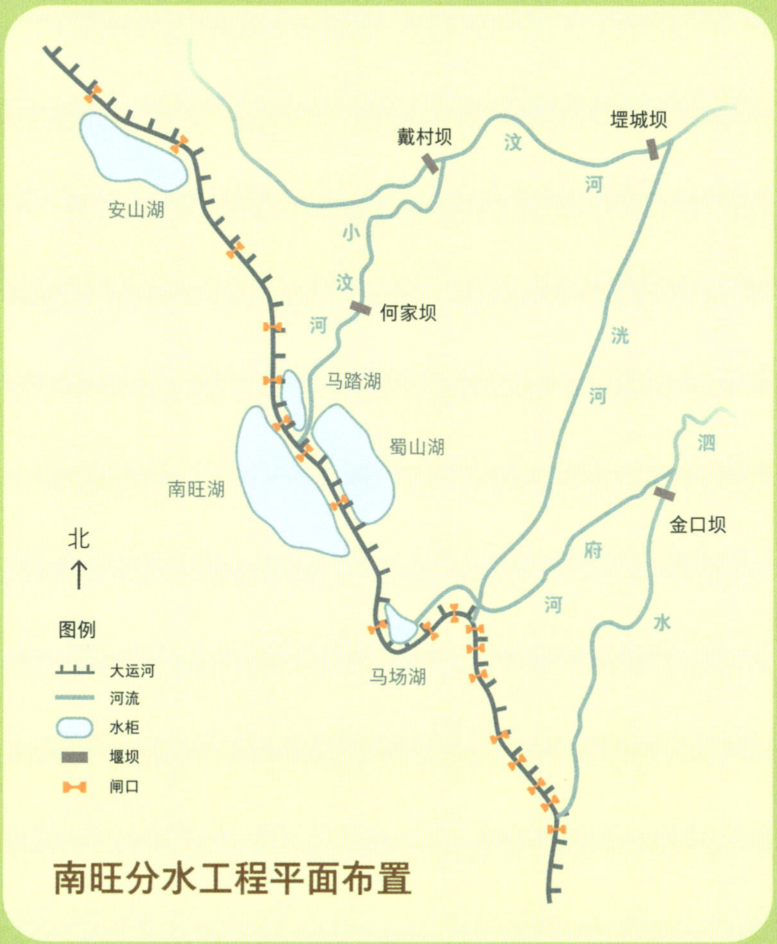
戴村坝
堽城坝
汶
河
安山湖
小
汶
河
何家坝
洸
河
马踏湖
蜀山湖
泗
南旺湖
金口坝
府
河
水
马场湖
北
图例
大运河
河流
水柜
堰坝
闸口

南旺分水工程平面布置

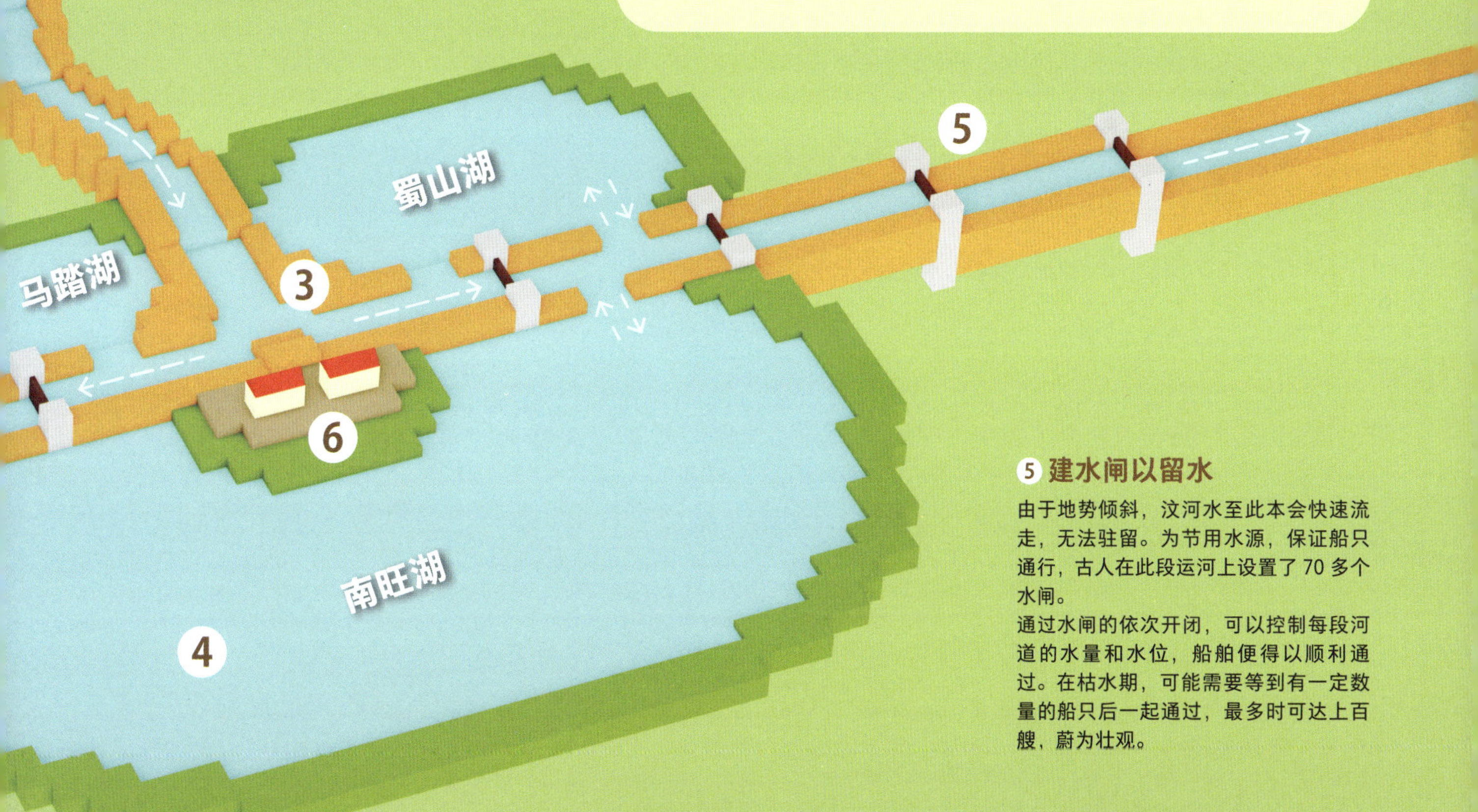
蜀山湖
马踏湖
南旺湖
3
4
5
6

❺ 建水闸以留水

由于地势倾斜，汶河水至此本会快速流走，无法驻留。为节用水源，保证船只通行，古人在此段运河上设置了 70 多个水闸。

通过水闸的依次开闭，可以控制每段河道的水量和水位，船舶便得以顺利通过。在枯水期，可能需要等到有一定数量的船只后一起通过，最多时可达上百艘，蔚为壮观。

❹ 建水柜以蓄水

汶河也有水量欠丰的时候，为了保持运河水源的稳定，古人在入水口处设置了多处“水柜”，也就是蓄水湖。安山湖、马踏湖、蜀山湖、南旺湖、马场湖（统称北五湖）便是明清时期为运河调节水量的蓄水湖。

❻ 修建分水龙王庙

为了祈福和纪念“引汶济运”的功臣，明正德年间在分水口的对面修建了宋公祠、白公祠、分水龙王庙等建筑，共十余院落。建筑前修有台阶，南来北往的行人可以在此下船，进入建筑内参观休憩。

怎么穿越黄河？

宋代，黄河改道夺淮河入海。元代建成纵贯南北的大运河，不可避免地会与黄河交汇。明嘉靖以后，黄河主流由清口入淮，于是清口成为黄河、淮河、运河的交汇地带。黄河汹涌易决，带来大量泥沙淤积，黄淮入海不畅，经常倒灌运河，冲决堤防，淤塞运道，严重阻碍了运河行船。为了解决运河穿越黄河的问题，明清几百年间在此逐渐建成由堤、坝、闸等设施组成的清口枢纽，达成“治河、导淮、济运”的目的，是我国古代水利工程成果的集中呈现。这张图展示的是清口枢纽的兴盛期——清朝乾隆年间的建设情况。

元代以后，黄河对大运河有什么影响？

金元以前，黄河与运河虽然也曾交汇与连通，黄河决溢也给运河带来一定的影响，但两者关系较为简单。

元代以后，运河与黄河的关系开始变得复杂，甚至产生矛盾。从元代到清代，黄运关系经历了运河借道黄河、引黄河水、遏制黄河到脱离黄河影响的过程。

借黄行运

元代修建的京杭大运河利用了徐州南至清口一段黄河为运道，一直到清康熙年间都不同程度地利用黄河行运。

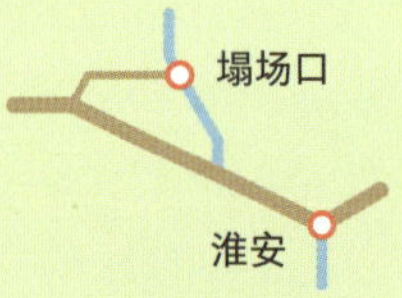

引黄济运

明前期，运河水源不足时会引用黄河水，上图便是引黄河水于塌场口处汇入运河。但引黄济运带来了大量泥沙，弊大于利。

遏黄保运

明中期筑堤截断黄河北流，防止其冲决运河。但这样使黄河主流固定由淮入海，大量泥沙涌入河道，同样带来了问题。

避黄行运

黄淮运之间的矛盾越发复杂，前代方法都无法完全解决。明后期到清代不断开新河减少借道黄河，直至黄运分离。

清口是如何变得越来越复杂的？

为了解决运河“会淮穿黄”的难题，清口地区逐渐建立起一个完善的工程体系——清口枢纽工程。面对不断变化的黄河、淮河，清口枢纽的解决措施和水利设施也在不断变化迭代。

运河
黄河
洪泽湖（淮河）
塘河
漕船北上路线

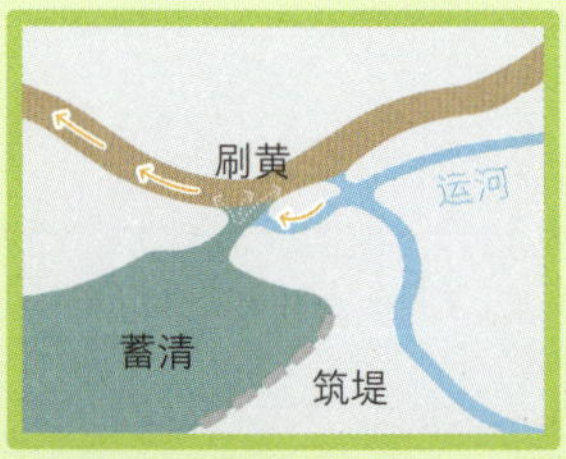

前期 明万历年间

因泥沙淤积，清口河床抬高，运河无法得到淮河供水，且汛期常常被黄河倒灌，潘季驯提出“**蓄清刷黄，束水攻沙**”的方法：筑高家堰大堤蓄淮水于洪泽湖，使湖水冲刷淤积泥沙的河床。这个方法在短期内有成效，但河床仍日渐淤积。

中期 清康熙—乾隆年间

针对清口泥沙淤积、河床抬高的问题，靳辅延续潘季驯的治河方略，对清口进行改造：改建运河入黄河处，加高洪泽湖大堤，开洪泽湖引河，修新河与控制闸，沿黄河修堤防，逐渐形成清口枢纽的U形河道。乾隆年间河口如右图。

晚期 清道光年间

黄河在清口的淤积速度远快于冲淤量，黄河常常倒灌入运，淮水也难以冲出清口。1826年改为**灌塘济运法**，在黄淮之间形成一条封闭的塘河，即用水车抽清水入塘，当塘内水位高于黄河时开坝放船入黄河。

遥堤、缕堤与格堤

黄河两岸的缕堤将黄河约束在主河槽内。距离河道两三里的河滩上有遥堤，它负责容纳汛期时漫过缕堤的河水。遥、缕二堤间的格堤可辅助加固，容纳淤积的泥沙。

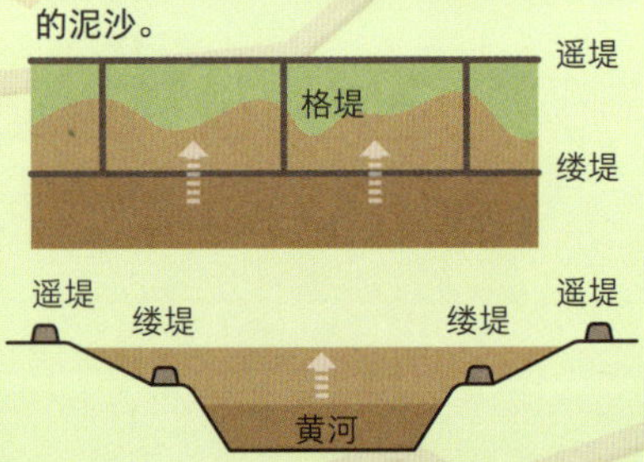

格堤

束清坝

洪泽湖水走向

引河

洪泽湖引河历史上经过数次挑浚，又数次淤成平陆，引河的数量不稳定。

洪泽湖（淮河）

淮河失去入海水道后在盱眙（xū yí）积聚，原来的小湖扩大为洪泽湖。

北
盐河
漕船北上路线
三坝
二坝
头坝
5
黄河
新御黄坝
中运河
束水坝
束水坝的作用是收束河道，加快水流速度，便于冲刷河道，减少泥沙淤积。
洪泽湖水量较小时，可将两坝接长以集中水流；当湖水盛涨时，则缩短两坝来加快排水，甚至拆除束水坝，过后补筑。
加快水流速度
冲刷河床的泥沙
4
里运河
旧运河
漕船北上路线
顺黄坝
束水坝
3
福兴闸
惠济祠
越闸
缕堤
遥堤
通济闸
旧运河是明代里运河的河道。1737 年开新河（右侧河道），1771 年停走旧河。
刷黄
束清二坝
2
码头镇
6
越闸
济运
头坝
二坝
三坝
越闸
惠济闸
新大墩
新大墩起到分水的作用，使得洪泽湖水三分用于大运河供水，七分用于冲刷黄河。
高家堰（洪泽湖大堤）
随着大堤不断抬高，洪泽湖成为悬湖，对周边人们的生活造成威胁。明万历以来，泗州古城多次被水淹，1680 年泗州古城彻底沉入洪泽湖底。
1
1 修建洪泽湖大堤
加高加固洪泽湖大堤以蓄淮水。
2 引淮水刷黄与济运
抬高水位、开挖引河来使洪泽湖水冲刷黄河河道，并供应运河。
3 建束水坝
在黄淮交汇河道中建束水堤坝，取得束水攻沙之效。
4 黄河沿岸修堤防
黄河两岸修筑堤防系统，以固定黄河主河道。
5 改建运口，开中河
移动运口（港口）和开凿中河都可以缩短在黄河中航行的距离。
6 修建闸坝系统
可以调节水位，同时减轻黄河水倒灌的情况。

怎么确保运河两岸的畅通？

河流可以成为通途，也可以成为阻隔。在兴建大运河的同时，我们也架桥铺路，以免大运河阻碍陆上交通。古往今来，人们都依靠什么跨越大运河呢？

地面上的白点网格间距为5米，所有桥梁都按这个比例尺绘制。（水上立交除外，它太大了）

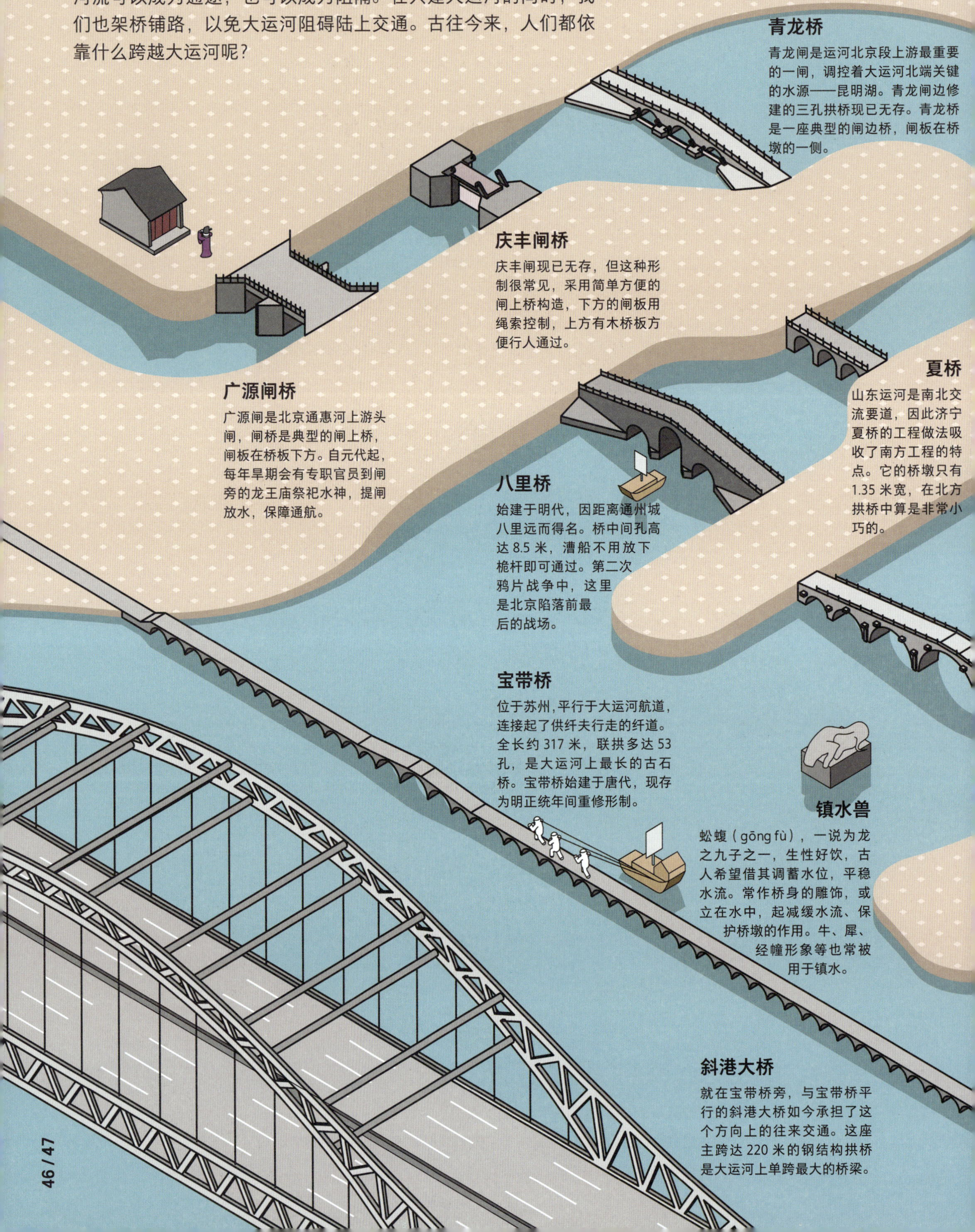

青龙桥

青龙闸是运河北京段上游最重要的一闸，调控着大运河北端关键的水源——昆明湖。青龙闸边修建的三孔拱桥现已无存。青龙桥是一座典型的闸边桥，闸板在桥墩的一侧。

庆丰闸桥

庆丰闸现已无存，但这种形制很常见，采用简单方便的闸上桥构造，下方的闸板用绳索控制，上方有木桥板方便行人通过。

广源闸桥

广源闸是北京通惠河上游头闸，闸桥是典型的闸上桥，闸板在桥板下方。自元代起，每年早期会有专职官员到闸旁的龙王庙祭祀水神，提闸放水，保障通航。

夏桥

山东运河是南北交流要道，因此济宁夏桥的工程做法吸收了南方工程的特点。它的桥墩只有1.35米宽，在北方拱桥中算是非常小巧的。

八里桥

始建于明代，因距离通州城八里远而得名。桥中间孔高达8.5米，漕船不用放下桅杆即可通过。第二次鸦片战争中，这里是北京陷落前最后的战场。

宝带桥

位于苏州，平行于大运河航道，连接起了供纤夫行走的纤道。全长约317米，联拱多达53孔，是大运河上最长的古石桥。宝带桥始建于唐代，现存为明正统年间重修形制。

镇水兽

蚣蝮（gōng fù），一说为龙之九子之一，生性好饮，古人希望借其调蓄水位，平稳水流。常作桥身的雕饰，或立在水中，起减缓水流、保护桥墩的作用。牛、犀、经幢形象等也常被用于镇水。

斜港大桥

就在宝带桥旁，与宝带桥平行的斜港大桥如今承担了这个方向上的往来交通。这座主跨达220米的钢结构拱桥是大运河上单跨最大的桥梁。

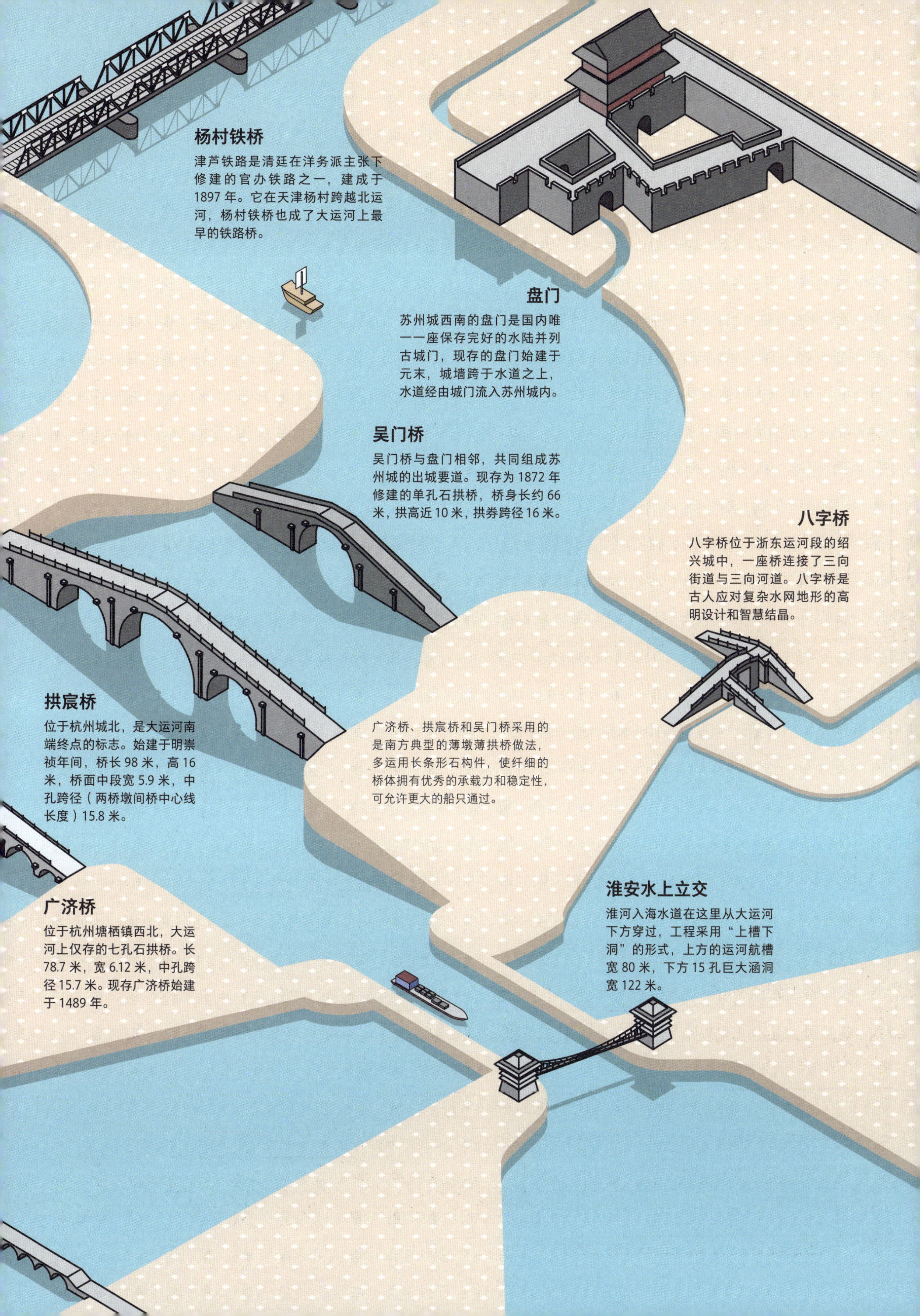

杨村铁桥

津芦铁路是清廷在洋务派主张下修建的官办铁路之一，建成于1897年。它在天津杨村跨越北运河，杨村铁桥也成了大运河上最早的铁路桥。

盘门

苏州城西南的盘门是国内唯一一座保存完好的水陆并列古城门，现存的盘门始建于元末，城墙跨于水道之上，水道经由城门流入苏州城内。

吴门桥

吴门桥与盘门相邻，共同组成苏州城的出城要道。现存为1872年修建的单孔石拱桥，桥身长约66米，拱高近10米，拱券跨径16米。

八字桥

八字桥位于浙东运河段的绍兴城中，一座桥连接了三向街道与三向河道。八字桥是古人应对复杂水网地形的高明设计和智慧结晶。

拱宸桥

位于杭州城北，是大运河南端终点的标志。始建于明崇祯年间，桥长98米，高16米，桥面中段宽5.9米，中孔跨径（两桥墩间桥中心线长度）15.8米。

广济桥、拱宸桥和吴门桥采用的是南方典型的薄墩薄拱桥做法，多运用长条形石构件，使纤细的桥体拥有优秀的承载力和稳定性，可允许更大的船只通过。

淮安水上立交

淮河入海水道在这里从大运河下方穿过，工程采用“上槽下洞”的形式，上方的运河航槽宽80米，下方15孔巨大涵洞宽122米。

广济桥

位于杭州塘栖镇西北，大运河上仅存的七孔石拱桥。长78.7米，宽6.12米，中孔跨径15.7米。现存广济桥始建于1489年。

有了这些保障，来往船只才能在运河上穿梭

随着元代京杭大运河的全线贯通，舟船成为沟通南北的重要载体，便利了来往交通，促进了沿岸地区的政治、经济和文化交流。除了专门从事漕运的漕舫船，航行在运河上的官船、民船、商船不计其数。中国古代造船技术先进，水密隔舱、平衡舵、可放倒的活动桅、风帆等技术的发明与应用，都体现在运河船只上。

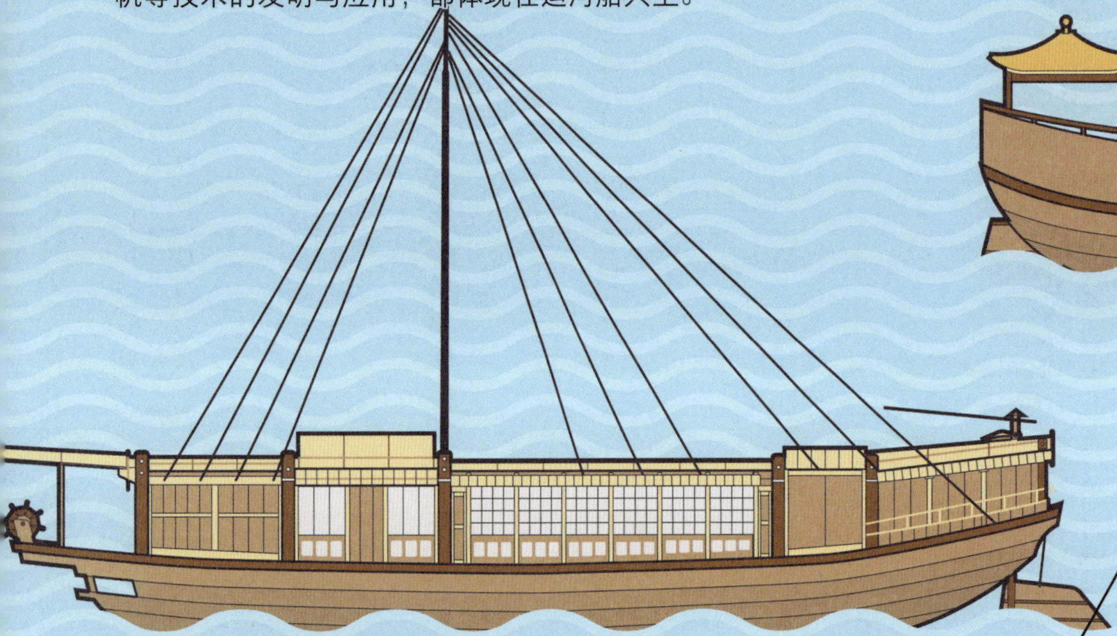

汴河客船·宋代

汴河客船是宋代张择端绘制的《清明上河图》中的船舶之一。汴河船是宋代具有代表性的内河船型，其中，可以升起、放倒的人字桅，平衡舵都是宋代造船技术高度成熟的体现。

灯舫·清代

灯舫又名“画舫”，在南京等地建造，用于秦淮河、太湖、运河等内河的水上旅游。这种船装饰华丽，舱房精美，具有浓厚的江南风采。

货船·现代

现代货船，运行于京杭运河南段。如今，随着水运航道的维护和整治，京杭运河的通航条件、船闸设施等逐步得到完善。

水上巴士·现代

现代水上巴士，2004 年开通运行于杭州市内的运河及市区的河道，目前苏州、嘉兴等城市也开通了运河巴士。

0 1米 5米 10米

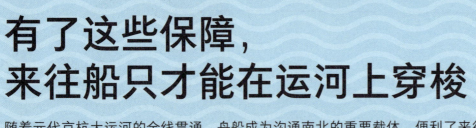

修运河不容易，水利工程背后还有什么故事？

▶▶▶是时候打开大运河百景图了！

打开大运河百景图，你将会看到一幅忙碌的运河图景。仔细看，里面似乎藏着许多故事。

这页将带你探索一个与工程相关的故事。想要完整阅读这个故事，你需要沿着运河**上下查看**，顺着以下线索、提示追踪主角人物的足迹。

宋礼之众里寻他

元末明初，会通河已经多处淤塞不通。1411 年，朝廷派工部尚书宋礼主持治理运河。宋礼正为此犯难，他打算找人帮忙。

线索 1 找到正在发愁的宋礼

宋礼在为工程发愁，他在德州段运河附近，你能找到他吗？

（与上图一模一样的形象才是正确的宋礼）

线索 2 找到换装后的宋礼

为了找到真正的人才，他决定微服私访。你能找到换了装的宋礼吗？

（认准他的形象，即便换了装也有一些特征没有改变）

线索 3 找到民夫的提示

一路上宋礼问了很多人，有一个民夫给他提示，让他跟着什么走？

线索 4 找到他们相遇的地点

跟随提示，宋礼终于找到了他想见的人。宋礼是在哪里找到的呢？

线索 5 找到这个人的职业

溯游而上，也许你还能发现有关这个人的更多信息。

→
翻开这里，查看答案

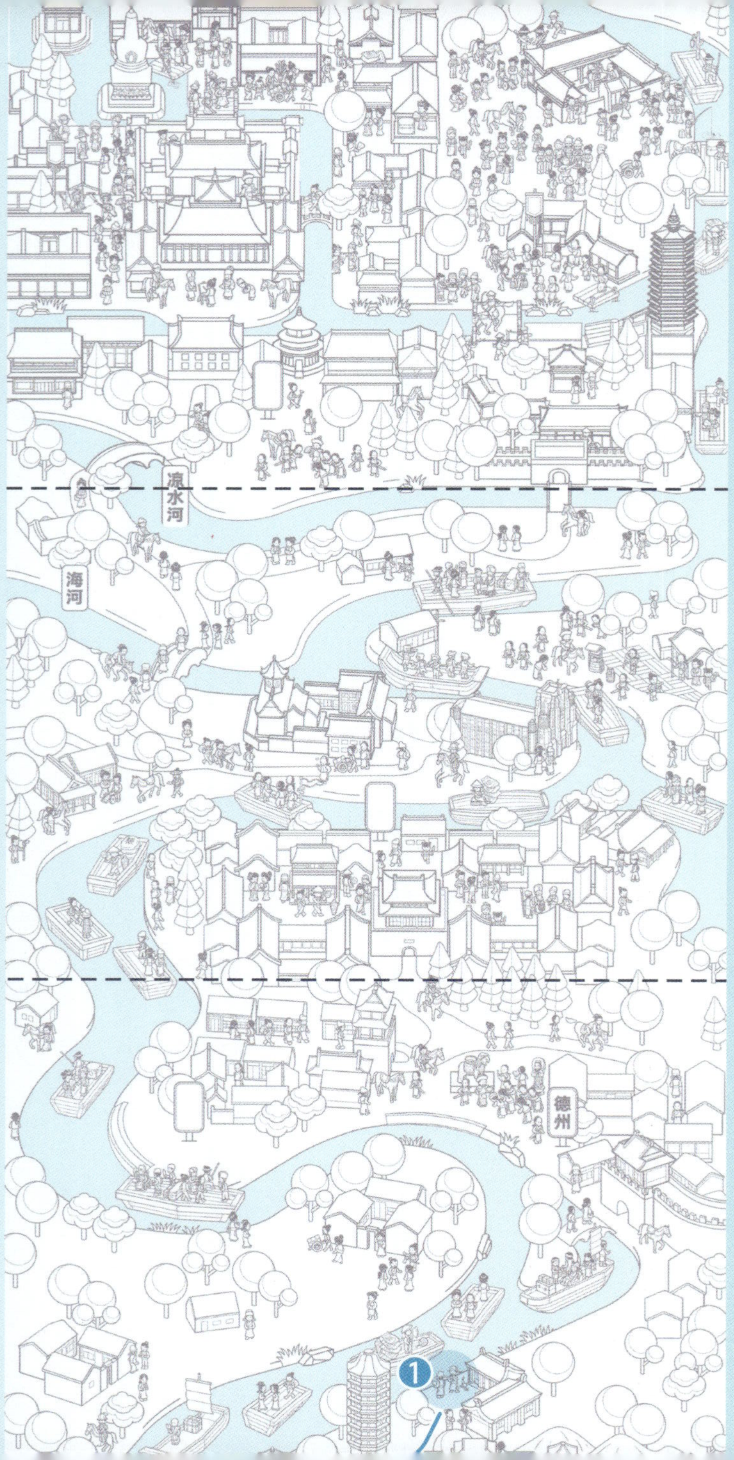

图上位置：北 3

情节 1　宋礼受命治河

宋礼受命疏浚已经淤塞的会通河。这可不容易办到，所以他决定寻访治河专家。

图上位置：北 4

情节 2　裁缝铺换装

在裁缝铺，宋礼换上一身平民百姓的衣服，然后继续在附近寻访。

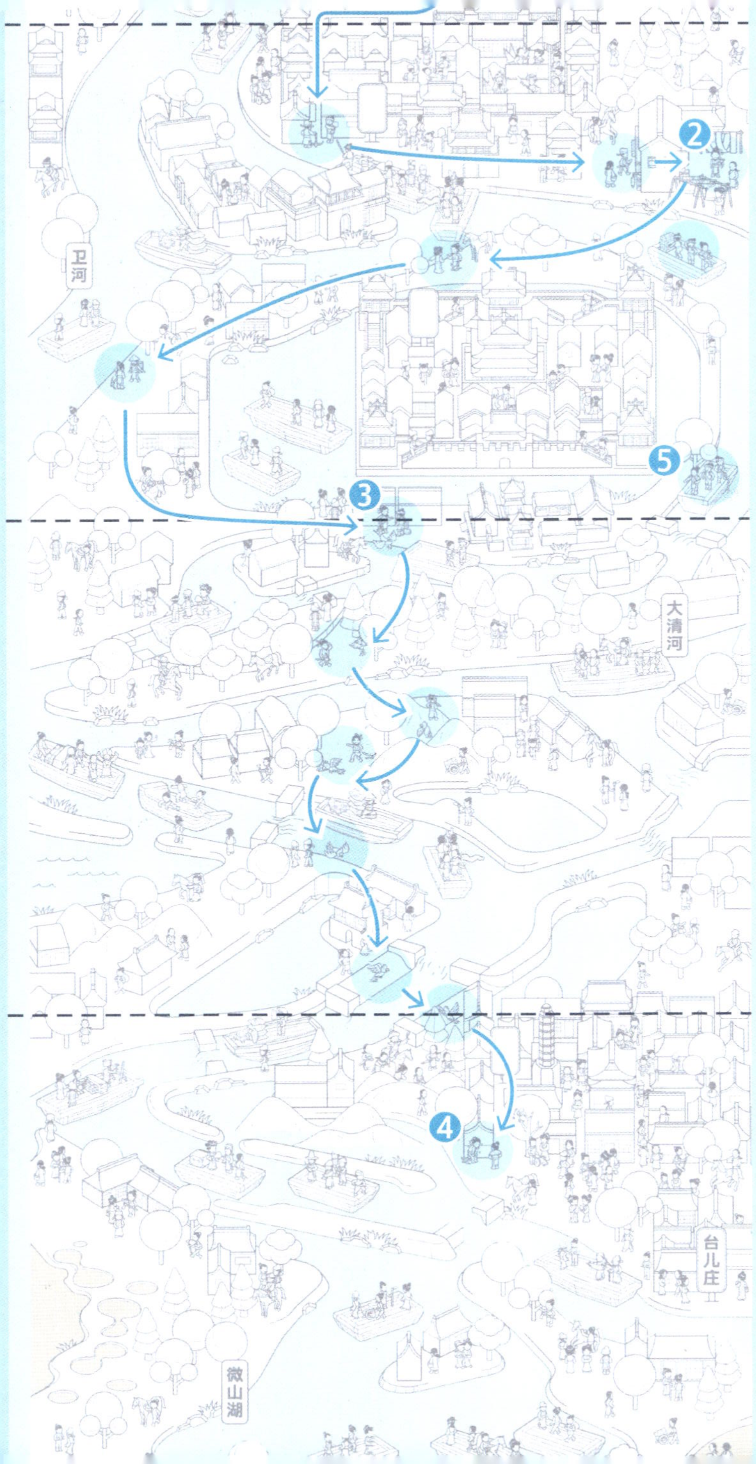

图上位置：北 4

情节 3　跟着白鹦鹉

宋礼四处寻找，民夫告诉他跟着那只白鹦鹉就能找到治水专家。一起跟上去看看吧！

漕舫 · 明代

漕舫是明代对从事漕运的官方用船的统称。大型可航行于近海，中小型在内陆江河航行，船型属于平底沙船。

大黄船 · 明代

大黄船是明代皇家船厂——龙江船厂所承造的二十多种船舶之一，属于运输船，专供皇室所用。

龙舟 · 隋代

龙舟是隋炀帝杨广在开通大运河后，自洛阳（沿通济渠、邗沟）游幸至江都的官船。根据《大业杂记》记载，龙舟高四十五尺，阔五十尺，长二百尺（隋唐时一尺在 30 厘米左右）。

官船 · 清代

官船是清代江萱绘制的《潞河督运图》中的 5 种漕运用船之一。通州坐粮厅（负责漕粮相关事项的官署）的漕粮官员乘坐该船，沿途检查，指挥暂泊，甚至至天津监催。

03

一河运万物

最初，大运河为战争而生，
之后逐渐成为运输漕粮的要道，
时间久了，大运河上运的物品越来越多，
一套高效的商贸运输系统逐渐形成。

除了运货，
大运河还运送了数不清的旅客，
作为南北文化交流的桥梁，
传播着来自五湖四海的精神信仰……

图上位置：北 6

情节 4　找到了！

追着白鹦鹉，宋礼找到了白英。
白英是远近闻名的民间水利专家，
也被人们称作“汶上老人”。

图上位置：北 4

情节 5　白英的职业

溯游而上，我们能在河上发现白英的身影。原来，白英是经验丰富的运河民夫领班。

图上位置：北 5

后续

后来，宋礼和白英共同设计建成了著名的南旺分水枢纽，后人还在这里建了祠堂纪念他们。

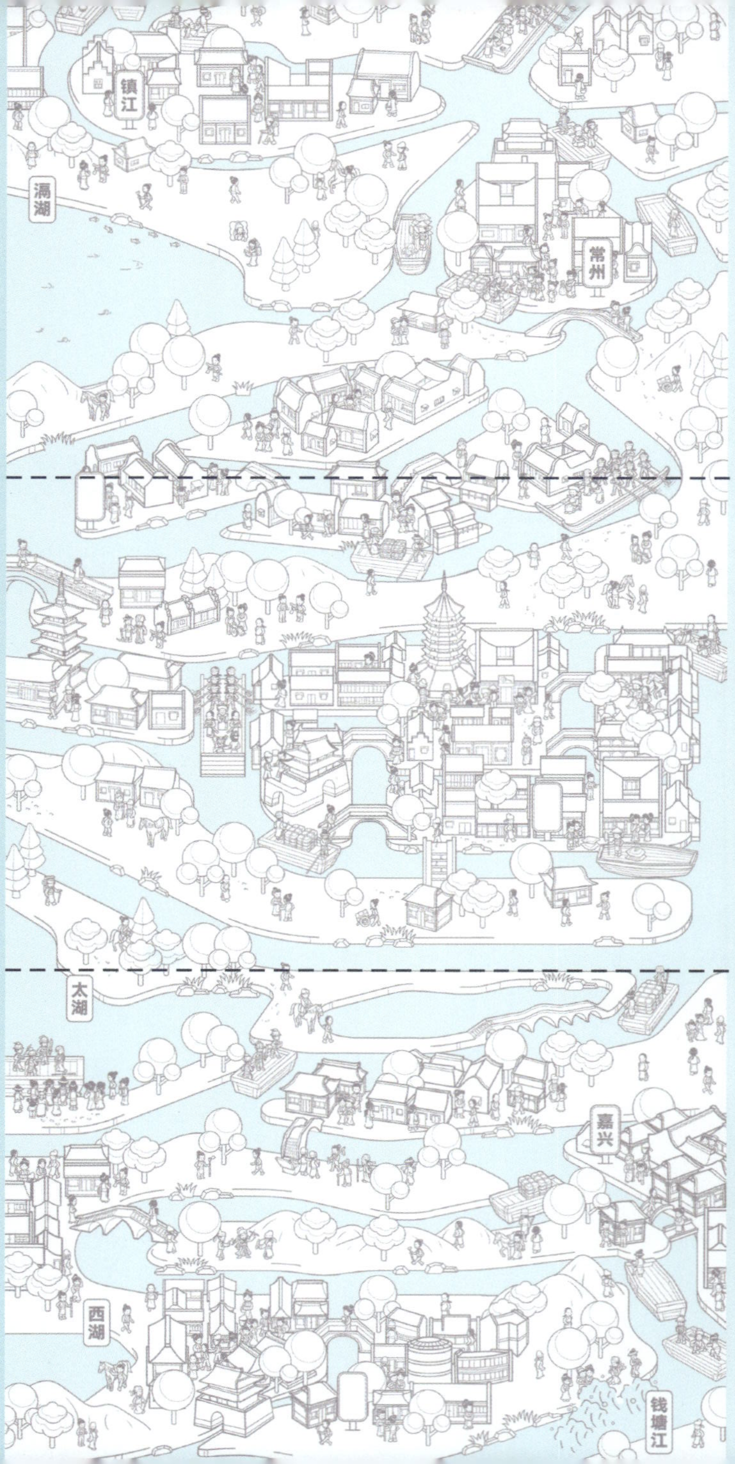

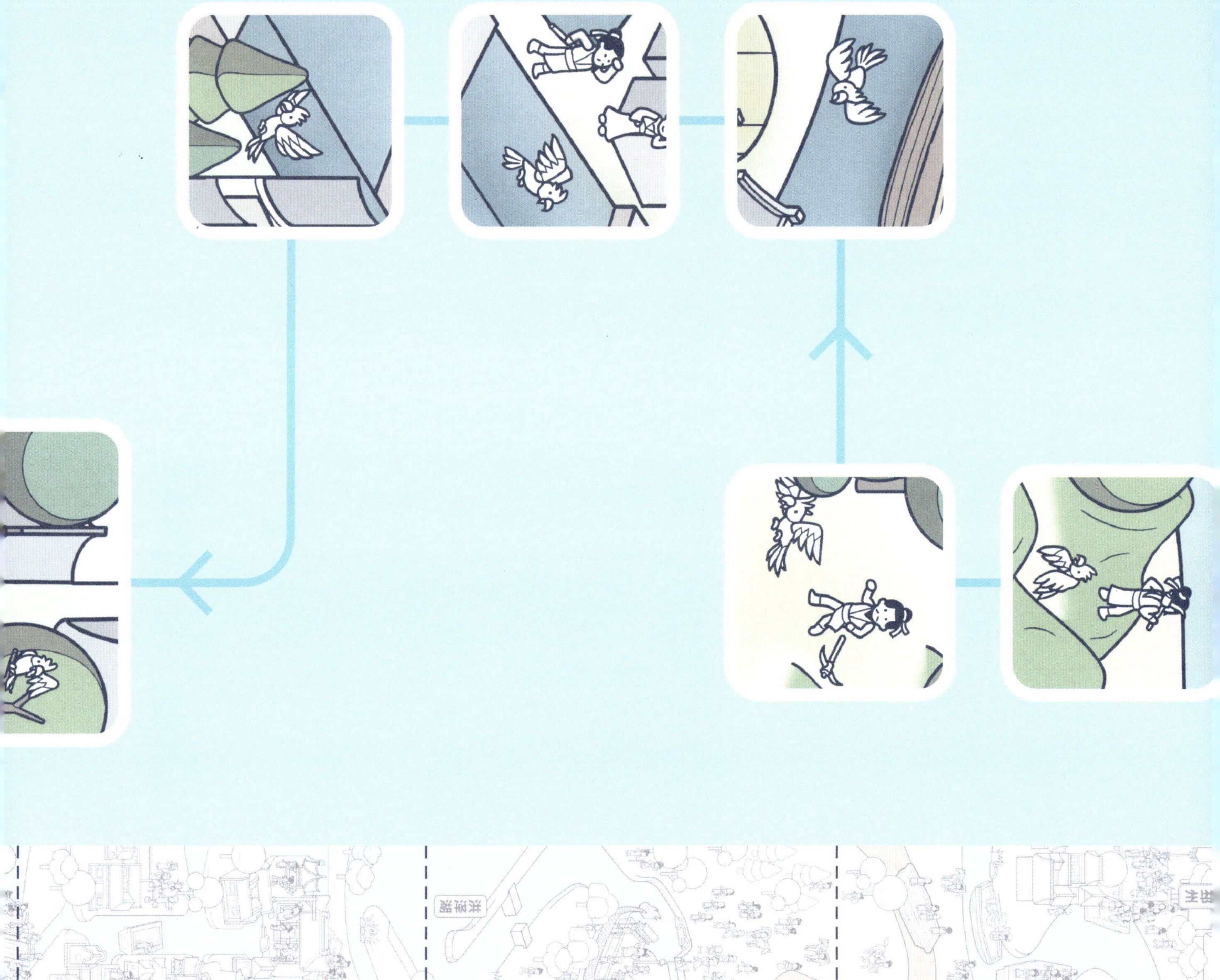

长江
高邮湖
洪泽湖
扬州

最初，大运河为战争而生

在中国历史上以水代兵、以水为战的战例屡见不鲜，利用江河设防更是基本的军事常识。此外，河流湖泊在古代战争的作用，还体现在运输兵马粮秣上。调兵遣将，便是大运河最初的功能。

齐
济水
艾陵
黄池
菏水
河水
（今黄河）
泗水
鲁
邗沟
吴
吴
会稽
越
吴军路线
越军路线

❸ 挑战晋国

前483年，吴王开菏水。前482年，夫差倾全国精兵北上挑战晋国，吴国舟师经过运河，到达与晋国会盟的黄池。

❷ 再次伐齐

前484年，吴再次北上同鲁国伐齐，在艾陵大败齐军，齐、鲁从此归顺吴国。

❶ 开邗沟

前486年，吴王夫差开凿邗沟。第二年，吴王就利用邗沟到达鲁国，会同鲁国等攻打齐国。

夫差争霸 运输

前486年，吴王夫差为北上争霸而开凿邗沟，以解决交通运输问题，这是历史上第一条有明确开凿年代的运河。三年以后，夫差又出于同样的目的而开凿菏水。

❹ 越王趁机伐吴

越王勾践趁吴王北上争霸时攻击吴都。吴王回国见都城尽失，士兵无力再战，只能求和。从此越国迅速崛起，吴国一落千丈。

军事上如何使用运河？

运河防线

扬楚运河沿线是南宋重点防御路线，楚州、宝应、高邮和扬州都是重点军事城镇。明清时，运河防线与海防系统相关。

破坏运河

南宋初年，宋廷曾破坏运河上的重要水工设施，如扬州港口闸等，以阻碍敌军战船通行和防止敌军用运河运输物资。

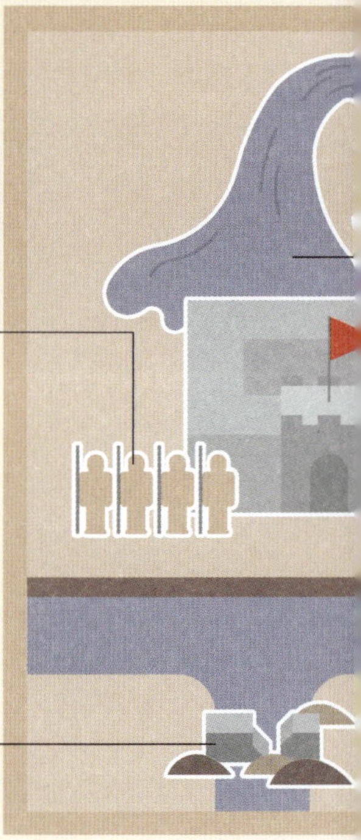

乌桓
滦河
白狼山
卢龙塞
无终
新河
泉州渠
平虏渠
滱水
滹沱河
河水
（今黄河）
清河
利漕渠
漳水
邺城
白沟渠
济水
魏
军队行进路线
物资运输路线

曹操北征乌桓 运输

东汉末年，曹操夺取邺城后，挥师北上征伐乌桓。为达成军事目的，曹魏开凿了一系列运河，构建了北方运河系统，为隋朝开永济渠奠定基础。

❶ 决定北征

曹操利用白沟攻下邺城后，袁氏兄弟逃奔乌桓，与乌桓一同骚扰边关。曹操为稳定北方，决定远征。

❸ 北征乌桓

207年，曹操率军北征，大军由无终北出卢龙塞，在白狼山大破乌桓和袁氏联军。

❷ 开运河，做准备

206年，曹操开挖了平虏渠和泉州渠，军粮经过运河可直达塞上。因曹军难以直接出塞，又沿海边开挖新河，漕运可直达滦河，既能代替海运，又能与海运相接，进逼乌桓腹地。

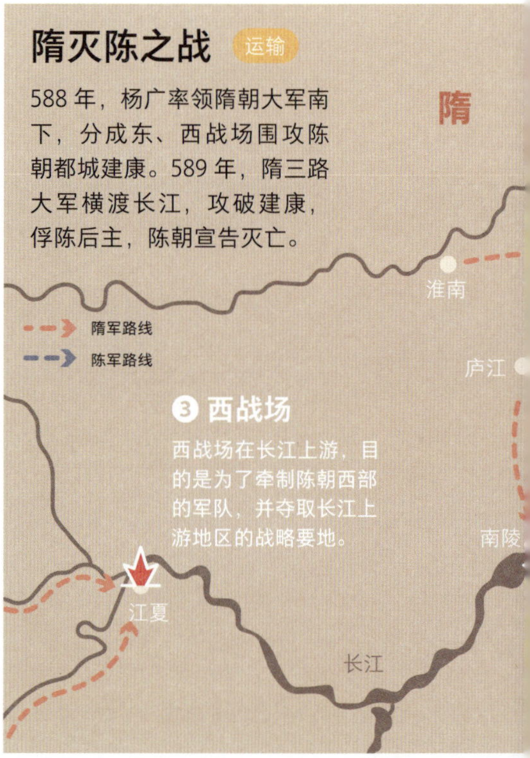

隋
淮南
庐江
南陵
江夏
长江
隋军路线
陈军路线

隋灭陈之战 运输

588年，杨广率领隋朝大军南下，分成东、西战场围攻陈朝都城建康。589年，隋三路大军横渡长江，攻破建康，俘陈后主，陈朝宣告灭亡。

❸ 西战场

西战场在长江上游，目的是为了牵制陈朝西部的军队，并夺取长江上游地区的战略要地。

图例

运河　　战争发生
自然河流　　途经城市
行进路线　　破坏设施
现代海岸线

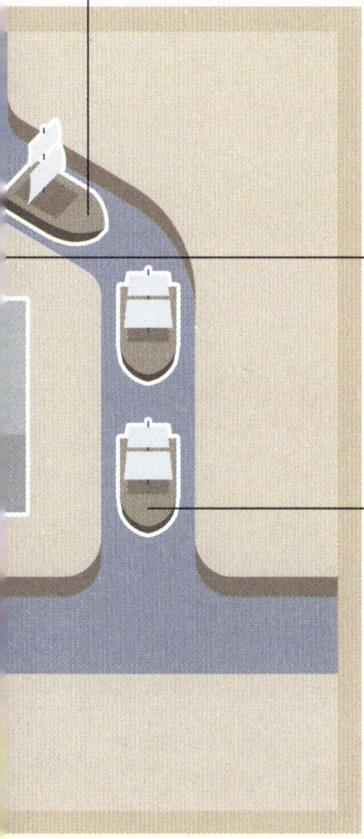

运输

运河运输兵马粮草比陆运效率更高，隋炀帝曾为征讨高句丽而开永济渠。

以水围攻

水也能击退敌人。前225年，秦国攻打魏国时，曾掘开黄河堤坝，引黄河、鸿沟之水淹灌魏国都城大梁。

兵家必争之地

运河周边城镇也是兵家必争之地。第一次鸦片战争时，英军控制了扬州和镇江间的长江航线，截断了大运河漕运，使清廷陷于被动。

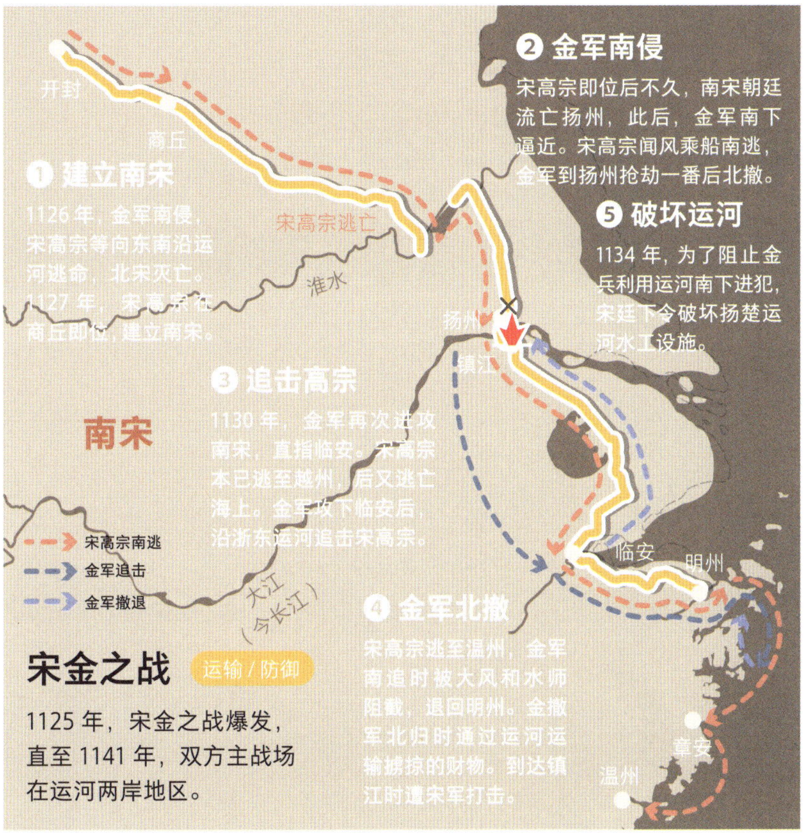

宋金之战

运输 / 防御

1125年，宋金之战爆发，直至1141年，双方主战场在运河两岸地区。

1 建立南宋

1126年，金军南侵，宋高宗等向东南沿运河逃命，北宋灭亡。1127年，宋高宗在商丘即位，建立南宋。

2 金军南侵

宋高宗即位后不久，南宋朝廷流亡扬州，此后，金军南下逼近。宋高宗闻风乘船南逃，金军到扬州抢劫一番后北撤。

3 追击高宗

1130年，金军再次进攻南宋，直指临安。宋高宗本已逃至越州，后又逃亡海上。金军攻下临安后，沿浙东运河追击宋高宗。

4 金军北撤

宋高宗逃至温州，金军南追时被大风和水师阻截，退回明州。金撤军北归时通过运河运输掳掠的财物。到达镇江时遭宋军打击。

5 破坏运河

1134年，为了阻止金兵利用运河南下进犯，宋廷下令破坏扬楚运河水工设施。

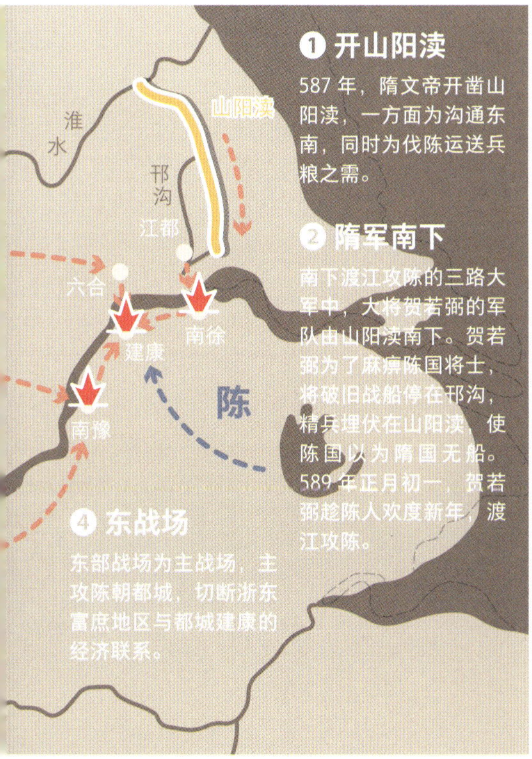

1 开山阳渎

587年，隋文帝开凿山阳渎，一方面为沟通东南，同时为伐陈运送兵粮之需。

2 隋军南下

南下渡江攻陈的三路大军中，大将贺若弼的军队由山阳渎南下。贺若弼为了麻痹陈国将士，将破旧战船停在邗沟，精兵埋伏在山阳渎，使陈国以为隋国无船。589年正月初一，贺若弼趁陈人欢度新年，渡江攻陈。

4 东战场

东部战场为主战场，主攻陈朝都城，切断浙东富庶地区与都城建康的经济联系。

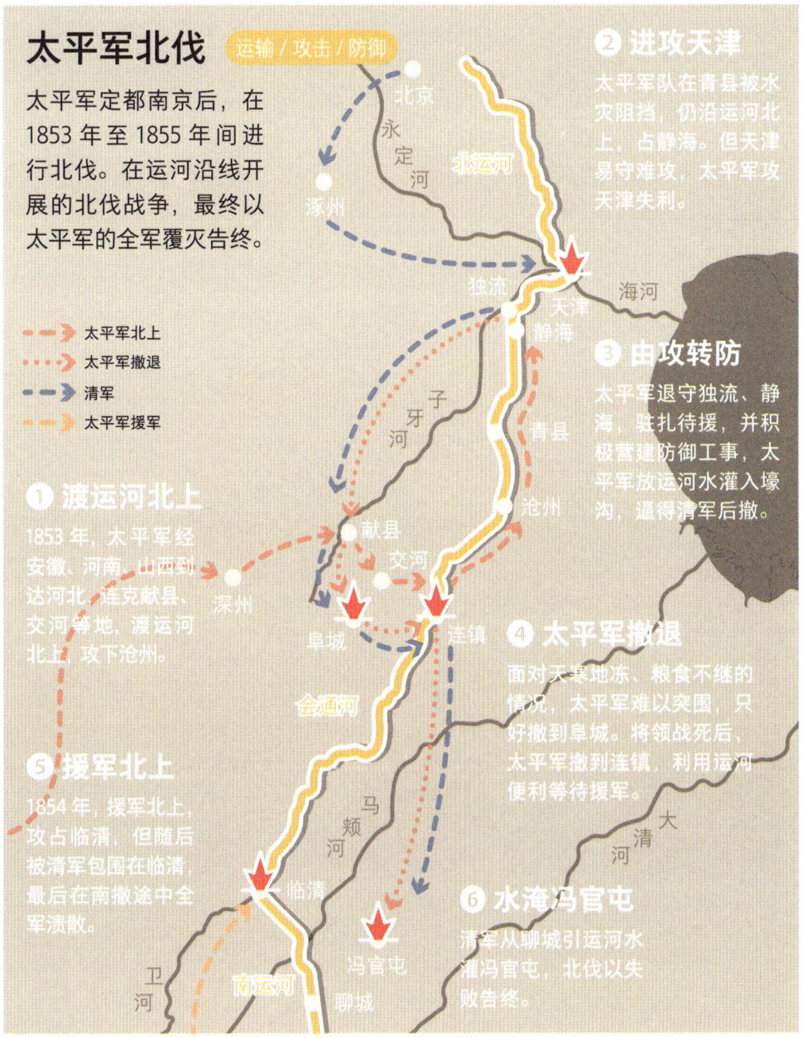

太平军北伐

运输 / 攻击 / 防御

太平军定都南京后，在1853年至1855年间进行北伐。在运河沿线开展的北伐战争，最终以太平军的全军覆灭告终。

1 渡运河北上

1853年，太平军经安徽、河南、山西到达河北，连克献县、交河等地，渡运河北上，攻下沧州。

2 进攻天津

太平军队在青县被水灾阻挡，仍沿运河北上，占静海。但天津易守难攻，太平军攻天津失利。

3 由攻转防

太平军退守独流、静海，驻扎待援，并积极营建防御工事，太平军放运河水灌入壕沟，逼得清军后撤。

4 太平军撤退

面对天寒地冻、粮食不继的情况，太平军难以突围，只好撤到阜城。将领战死后，太平军撤到连镇，利用运河便利等待援军。

5 援军北上

1854年，援军北上，攻占临清，但随后被清军包围在临清，最后在南撤途中全军溃散。

6 水淹冯官屯

清军从聊城引运河水灌冯官屯，北伐以失败告终。

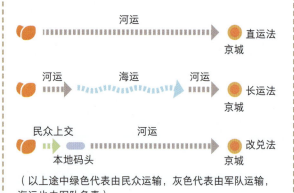

之后逐渐成为运输漕粮的要道

各朝代开凿使用运河的首要目的是开展漕运，保证皇室、官员、军队和都城的用粮需要。漕运是由古代中央政府组织的、通过水路转运粮食和物资的制度，是朝廷调拨战略物资的重要经济措施。但是，这样长距离、大规模的征调也给民众带来了沉重的负担。

各年代漕运的方法

秦汉时漕运初兴，尚未形成一套完整制度。隋朝以后，漕运制度开始不断调整、改革。

分段转运法

这是由秦代开始的水运方法，指将路线分为若干段，各河道使用对应规格的漕船，配合转运仓运行。北宋初期调整为更灵活的转般法和均输法。明代进一步缩减民运的距离，改革为支运法和兑运法。

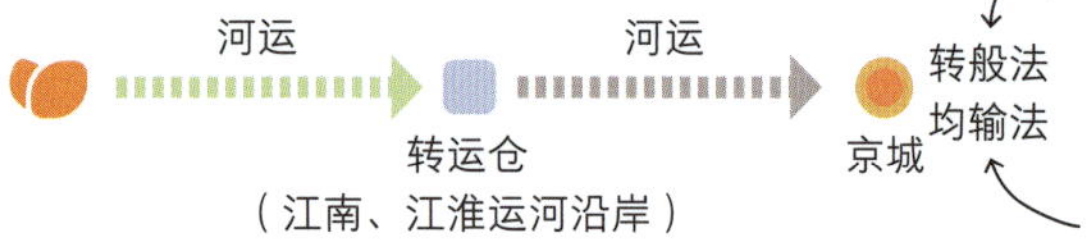

河运
河运
转运仓
（江南、江淮运河沿岸）
京城
转般法
均输法

各路漕粮均运至几处指定的转运仓，再由转运仓运往京城。若某个地区欠收，可以由其他转运仓代发，有一定的调节作用。

设专门机构，负责根据每年年景及各地物价决定粮食收购方案和漕运入京物资的调配。

河运
河运
转运仓
（淮安、徐州、临清、德州等）
京城
支运法

民户将漕粮运至转运仓后，交由运军负责转运，百姓承担路费和损耗，但给百姓造成沉重的负担。

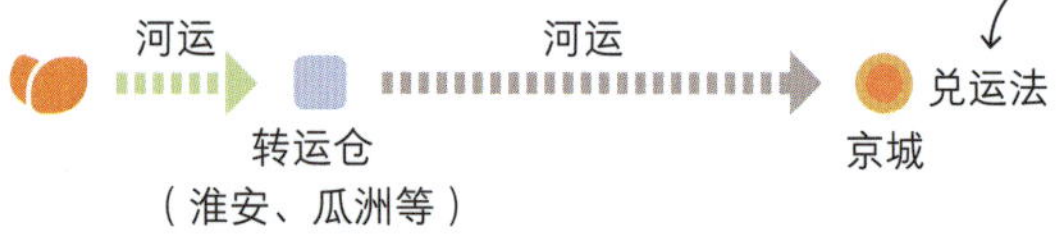

河运
河运
转运仓
（淮安、瓜洲等）
京城
兑运法

长运法

指将物资直接运至京城。船闸大规模使用以后，北宋后期改行长运形式运输漕粮。元代的海运也属于长运形式。明代河南、山东等北方地区的漕米也直接运到北京。

河运
京城
直运法

河运
海运
河运
京城
长运法

民众上交
河运
本地码头
京城
改兑法

（以上途中绿色代表由民众运输，灰色代表由军队运输，海运也由军队负责）

各年代漕运的规模

以下展示的是各朝代折合漕粮的运量。

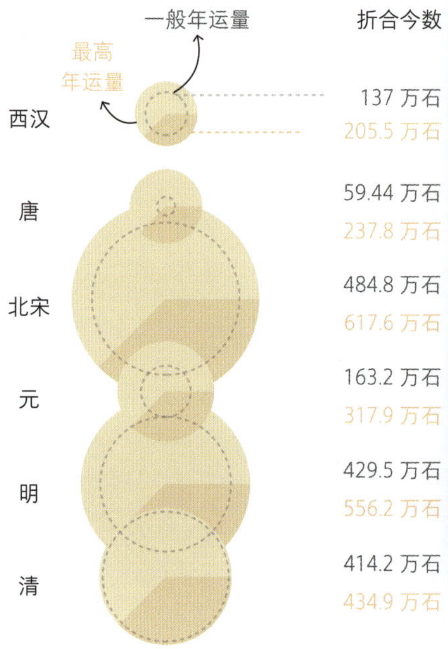

一般年运量
折合今数
最高年运量
西汉
137 万石
205.5 万石
唐
59.44 万石
237.8 万石
北宋
484.8 万石
617.6 万石
元
163.2 万石
317.9 万石
明
429.5 万石
556.2 万石
清
414.2 万石
434.9 万石

秦

虽然史料记载不全，但仍然能看到秦朝通过渭水、黄河及黄河下游的济水、菏水及鸿沟等水道，将关东各地的粮食物资运到国都咸阳。

汉

西汉初年，统治者实行休养生息的政策。到汉武帝时，国势强盛，加强了中央集权。汉武帝时期的运河大都是为运输粮食而开挖，例如漕渠。

东汉国力不如西汉，但疏浚、利用旧河道后，漕运依旧发达，遗憾的是没有留下完整的记录。

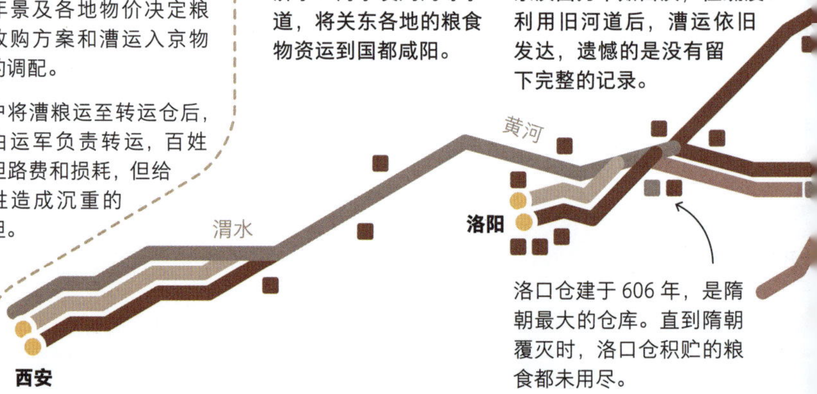

黄河
渭水
洛阳
西安

洛口仓建于606年，是隋朝最大的仓库。直到隋朝覆灭时，洛口仓积贮的粮食都未用尽。

漕运的时间规定

元 1 2 **3 4 5 6 7 8 9 10 11** 12

元代规定漕运自冰开发运，河冻结则止，与金代时间大致相同。

明 1 2 3 4 **5** 6 **7** 8 **9** 10 11 12

明成化年间规定了漕船到达北京的期限：北直隶、河南、山东为五月初一，南直隶为七月初一，浙江、江西、湖广为九月初一。

清 1 2 **3 4 5 6** 7 8 9 10 11 12

清代规定各地漕船到通州的时间：山东、河南限三月初，江北四月初，江南五月初，江西、浙江、湖广为六月初。十月中旬必须空船返回，但实际常常拖延。

隋唐

隋代开凿了以洛阳为中心、沟通南北的大运河，并沿大运河设置了诸多大型粮仓和转运仓。

隋代兴建的大运河在唐代得到充分利用。安史之乱是唐朝由盛转衰的转折点。此后，由于北方藩镇盘踞，永济渠逐渐失去作用，通往南方的漕路成为唐朝的生命线。

到唐朝末年，汴河溃决，中原航运停滞，也间接使唐朝衰败灭亡。

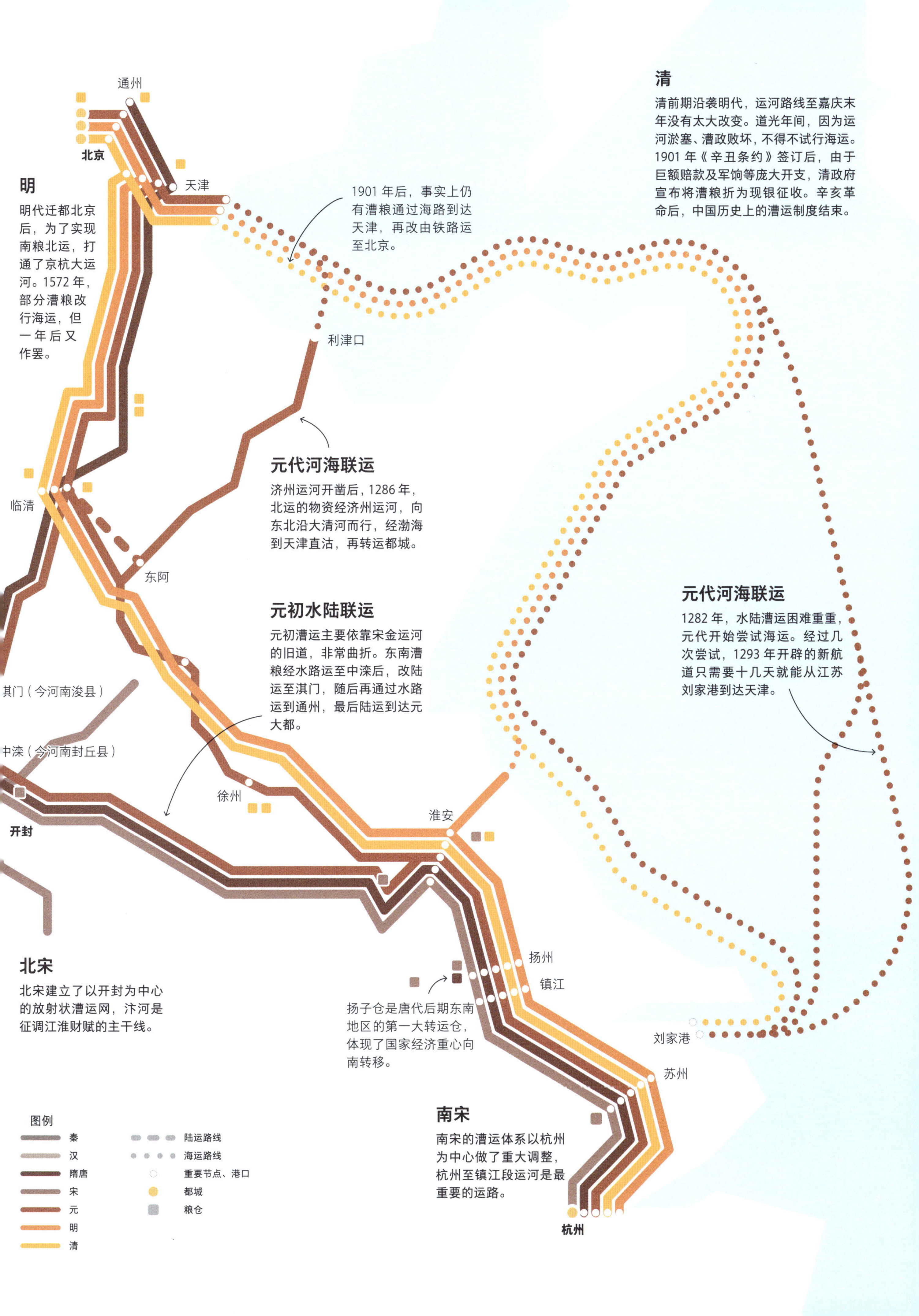

通州
北京
天津
利津口
临清
东阿
其门（今河南浚县）
中滦（今河南封丘县）
开封
徐州
淮安
扬州
镇江
刘家港
苏州
杭州
明
明代迁都北京后，为了实现南粮北运，打通了京杭大运河。1572 年，部分漕粮改行海运，但一年后又作罢。
1901 年后，事实上仍有漕粮通过海路到达天津，再改由铁路运至北京。
清
清前期沿袭明代，运河路线至嘉庆末年没有太大改变。道光年间，因为运河淤塞、漕政败坏，不得不试行海运。1901 年《辛丑条约》签订后，由于巨额赔款及军饷等庞大开支，清政府宣布将漕粮折为现银征收。辛亥革命后，中国历史上的漕运制度结束。
元代河海联运
济州运河开凿后，1286 年，北运的物资经济州运河，向东北沿大清河而行，经渤海到天津直沽，再转运都城。
元初水陆联运
元初漕运主要依靠宋金运河的旧道，非常曲折。东南漕粮经水路运至中滦后，改陆运至淇门，随后再通过水路运到通州，最后陆运到达元大都。
元代河海联运
1282 年，水陆漕运困难重重，元代开始尝试海运。经过几次尝试，1293 年开辟的新航道只需要十几天就能从江苏刘家港到达天津。
北宋
北宋建立了以开封为中心的放射状漕运网，汴河是征调江淮财赋的主干线。
扬子仓是唐代后期东南地区的第一大转运仓，体现了国家经济重心向南转移。
南宋
南宋的漕运体系以杭州为中心做了重大调整，杭州至镇江段运河是最重要的运路。
图例
秦
汉
隋唐
宋
元
明
清
陆运路线
海运路线
重要节点、港口
都城
粮仓

时间久了，大运河上运的物品越来越多

大运河的贯通让华北平原和富庶的东南沿海的物资能够经漕运系统源源不断地输入历代都城。满载着皇木砖瓦、丝绸布料、茶叶烟草、奇珍异宝的船只，络绎不绝地从各地通过运河抵达京城，这些物资是对古代中央政权、都城、军队稳定运行的有力保障。

天津
独流老醋
杨村糕干
泥人张彩塑
曹子里手工绢花
杨柳青木版年画
沧州
崔尔庄金丝小枣
德州
德州扒鸡
邢台
邢窑白瓷
襄国宿铁刀
临清
临清贡砖
进京腐乳
济美小菜
聊城
东阿阿胶
冠县鸭梨
济宁
曲阜尼山砚
鲁锦
巩县
唐三彩
白釉
宿迁
洋河酒
丁嘴金菜
淮安
洪泽湖白鱼
细麻布
孔雀布
钦工肉圆
茶馓
临清位于运河沿岸，不仅运输方便，且当地土质细腻无杂质，因此临清成为明清生产贡砖的首选之地。临清的官窑有数百座，“设工部营缮分司督之”。
大运河的重新疏通给杨柳青镇带来了许多来自南方的精致材料，因此杨柳青木版年画孕育而生，在清乾隆年间成为贡品。
烟草茶叶
笔墨纸砚
器皿
水产品
竹制品
日用品
砖石
农作物
木料
贡砖出窑检验合格后，就可以装船北上了。为了节约运输成本，当时规定凡通航于运河的船只，不论民商，皆要夹带贡砖，根据船的大小不同，夹带的贡砖数量也不统一。
明清时，南京、苏杭等地设有专门制作宫廷服饰的织造署，所制服饰专门供应皇室，或用来赏赐功臣、少数民族首领以及前来朝贡的外国君主。
精微绣
银鱼
惠山泉水
惠山泥人
阳羡紫笋茶
金沙泉水
紫砂壶
平湖糟蛋
海宁硖石灯彩
桐乡蓝印花布
弁山太湖石
紫笋茶
湖州镜
洞庭碧螺春
洞庭太湖石
玉琢
桃花坞年画
苏州御窑金砖
宫廷服装衣饰
睦州鸠坑毛尖
景德镇瓷器
梅煎
乳柑
修水赭砚
广信府玉版纸
无锡
宜兴
嘉兴
湖州
苏州
杭州
江西

贡品运输中的沿河机构

砖厂

砖厂是专门为存放官窑烧制的贡砖而设立的机构。贡砖沿着大运河运到通州张家湾以北的码头处，卸船后存放在砖厂中，朝廷在此专设官员进行管理。

皇木厂

皇木厂又叫作神木厂、大木厂，出现于明永乐年间，存放用于兴建皇家建筑的木料，是运输木料的中转站。明清时期，北京地区有张家湾皇木厂、朝阳门外大木厂、崇文门外神木厂等七个皇家木厂。

图例

贡品类型：建材类　食品类　服饰布料类　日常用品类　装饰收藏类

选为贡品的时间：隋唐　宋元　明清

灰色为大运河沿线以外的省或城市
黑色为大运河沿线的省或城市
仪征
紫菜苔
绿杨春茶
朴席
扬州
蓄客锦袍
糖蟹
莲藕
青铜镜
莞席
香粉
八宝灰漆器
巨型玉雕
扬州剪纸
镇江
江绸
鲥鱼
镇江香醋
百花贡酒
南京
绒花
云锦
板方
荸荠
纸帐
芋头
御用龙衣
常州
宣纸
棉布
孟河斧劈石盆景
腌萝卜干
龙泉印泥
篦梳
明初定都南京时，江南的鲥鱼被钦定为祭祀宗庙的贡物。但迁都北京后，北方地区并不出产鲥鱼，因此常用冰船保鲜鲥鱼，并沿着运河运到北京。
清朝时，每年农历七月，江南织造府都要到常州定制一批梳子、篦子，作为皇家贡品送到北京。
奇石 巨木
服饰
布料
手工艺品
加工美食
雕刻 珠宝
黔东南多雨，木材砍伐后，人们常利用地势将其滑送进山沟，再将木材编成木筏，等雨季、山洪暴发时，这些木筏就会被冲到江河中，顺水漂流直至运河中。
由于明代的过度采伐，到清代，楠杉资源已变得十分稀少，只有在重大工程中才会临时采办楠杉大木。
由于采伐困难、路途遥远，运输期间还有不少木材被冲散、遗失，一棵楠木从采伐到运至北京一般需要 3~5 年。
石蜜
葛根
甘蔗
柑橘
吴绫
交梭绫
日铸雪芽茶
桂花香糕
绍兴
汉原县楠木
汉原县杉木
四川
宣城五色线毯
宣城兔毛布
泾县宣笔
黄连
宣纸
马鞍山采石茶干
安徽
建安建茶
建阳黑釉茶盏
琯溪蜜柚
福建
苗岭杉木
贵州
竹溪金丝楠木
湖北
增城荔枝煎
象牙牙雕
铜胎鎏金广钟
广东
南海诸国象牙、沉香
缅甸翡翠
琉球纸扇
琉球漆器
海外

一套高效的商贸运输系统逐渐形成

明代南旺分水枢纽建成之后，大运河南北重新畅通，成为联络南北的“高速公路”。运河上来往船只络绎不绝，运输着各形各色的货品，沿岸城市也因此繁荣。

运河商贸的形成

明清时期，商品经济发展迅速，商人们开始在漕运中私带货物，以满足南北物资售卖的需求。而后政府主动提出漕船北上和南返时可以附带一些贸易货品，至此运河从官用转变为官商共用。

运输方式

漕船北上

政府规定军卒随漕船北上时，可以随船搭载一定数量货品并在沿途贩卖。

回空船南下

漕船至京师卸粮后，空船会装载着各类货物南下返回。

民间商船

民间商船需要给漕船让路，还可能遭到钞关官员、地方胥吏的剥削，因此活动比较受限制。

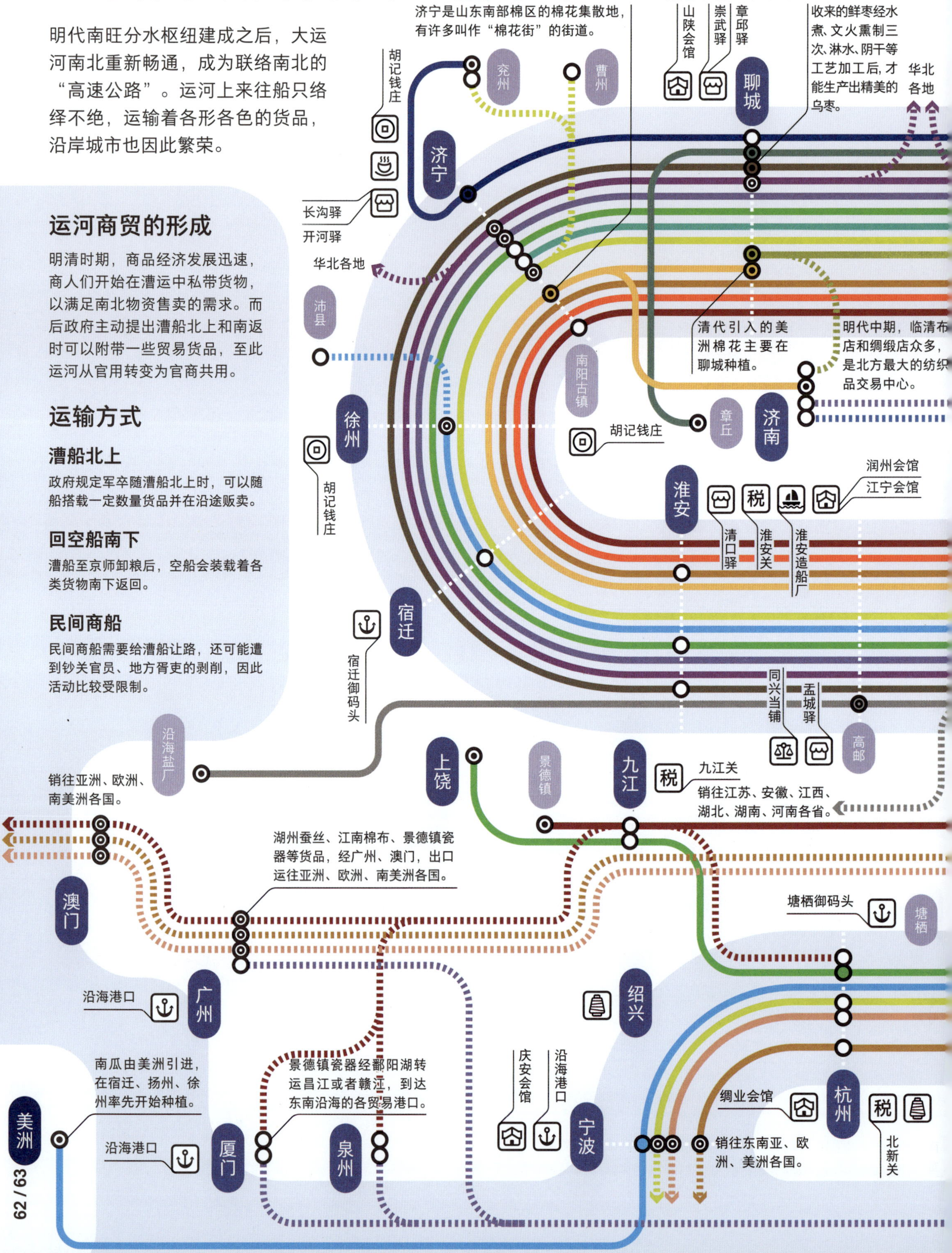

济宁是山东南部棉区的棉花集散地，有许多叫作“棉花街”的街道。
兖州
曹州
山陕会馆
崇武驿
章邱驿
聊城
收来的鲜枣经水煮、文火熏制三次、淋水、阴干等工艺加工后，才能生产出精美的乌枣。
华北各地
胡记钱庄
济宁
长沟驿
开河驿
华北各地
沛县
南阳古镇
清代引入的美洲棉花主要在聊城种植。
明代中期，临清布店和绸缎店众多，是北方最大的纺织品交易中心。
徐州
胡记钱庄
章丘
济南
胡记钱庄
淮安
润州会馆
江宁会馆
税
清口驿
淮安关
淮安造船厂
宿迁
宿迁御码头
同兴当铺
盂城驿
高邮
沿海盐厂
销往亚洲、欧洲、南美洲各国。
上饶
景德镇
九江
税
九江关
销往江苏、安徽、江西、湖北、湖南、河南各省。
湖州蚕丝、江南棉布、景德镇瓷器等货品，经广州、澳门，出口运往亚洲、欧洲、南美洲各国。
澳门
塘栖御码头
塘栖
沿海港口
广州
绍兴
南瓜由美洲引进，在宿迁、扬州、徐州率先开始种植。
景德镇瓷器经鄱阳湖转运昌江或者赣江，到达东南沿海的各贸易港口。
庆安会馆
沿海港口
绸业会馆
杭州
税
北新关
美洲
沿海港口
厦门
泉州
宁波
销往东南亚、欧洲、美洲各国。

运河商帮

晋商

以山西和陕西商人为主，主要从事盐业、茶叶、票号（经营汇兑业务的机构），其中票号最为出名。

徽商

徽商以经营盐、茶、典当、木材为主，也有粮食、丝绸、瓷器和纸墨等。

鲁商

鲁商以厚道著称，货真价实、服务周到。南北商品在山东运河沿线交换、分销。

浙商

包含湖州商帮、义乌商帮、绍兴商帮、温州商帮等，是清代工商业的中坚力量。

盐帮

江淮流域以贩运私盐获利的私人贩运团伙为主。由于贩运私盐利润丰厚，盐帮得以蓬勃发展，形成很多富商巨贾。

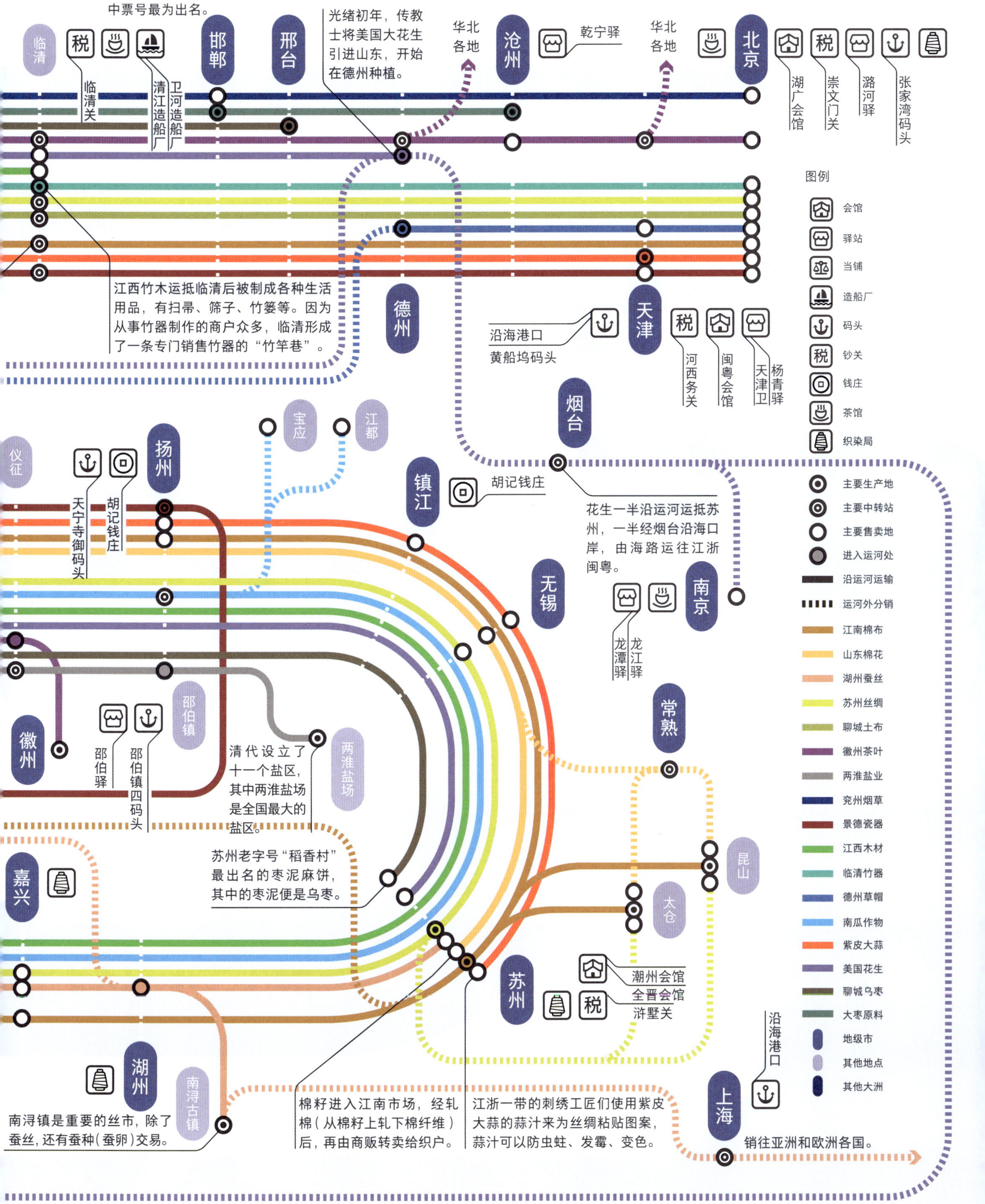

临清
税
临清关
清江造船厂
卫河造船厂
邯郸
邢台
光绪初年，传教士将美国大花生引进山东，开始在德州种植。
华北各地
沧州
乾宁驿
华北各地
北京
湖广会馆
崇文门关
潞河驿
张家湾码头
江西竹木运抵临清后被制成各种生活用品，有扫帚、筛子、竹篓等。因为从事竹器制作的商户众多，临清形成了一条专门销售竹器的“竹竿巷”。
德州
沿海港口
黄船坞码头
天津
税
河西务关
闽粤会馆
天津卫
杨青驿
烟台
图例
会馆
驿站
当铺
造船厂
码头
钞关
钱庄
茶馆
织染局
主要生产地
主要中转站
主要售卖地
进入运河处
沿运河运输
运河外分销
江南棉布
山东棉花
湖州蚕丝
苏州丝绸
聊城土布
徽州茶叶
两淮盐业
兖州烟草
景德瓷器
江西木材
临清竹器
德州草帽
南瓜作物
紫皮大蒜
美国花生
聊城乌枣
大枣原料
地级市
其他地点
其他大洲
宝应
江都
仪征
扬州
天宁寺御码头
胡记钱庄
镇江
胡记钱庄
花生一半沿运河运抵苏州，一半经烟台沿海口岸，由海路运往江浙闽粤。
无锡
南京
龙潭驿
龙江驿
常熟
徽州
邵伯驿
邵伯镇四码头
邵伯镇
清代设立了十一个盐区，其中两淮盐场是全国最大的盐区。
两淮盐场
苏州老字号“稻香村”最出名的枣泥麻饼，其中的枣泥便是乌枣。
嘉兴
昆山
太仓
苏州
潮州会馆
全晋会馆
税
浒墅关
沿海港口
湖州
南浔古镇
南浔镇是重要的丝市，除了蚕丝，还有蚕种（蚕卵）交易。
棉籽进入江南市场，经轧棉（从棉籽上轧下棉纤维）后，再由商贩转卖给织户。
江浙一带的刺绣工匠们使用紫皮大蒜的蒜汁来为丝绸粘贴图案，蒜汁可以防虫蛀、发霉、变色。
上海
销往亚洲和欧洲各国。

除了运货，大运河还运送了数不清的旅客

千百年来，大运河还是人们南来北往的交通要道。大运河上的旅客往来不绝：皇帝巡游、官员任职、使者朝贡、文人漫游、书生赶考、商人经商……无数人曾踏入这条大运河。

图例

- 内河航行路线
- 陆路路线
- 海上航线
- 途经地点
- 古代政权界线
- 现代国界
- 现代海岸线
- 古代河流
- 现代河流

护照

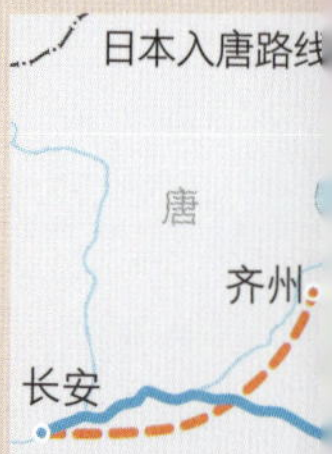

日本入唐路线
唐
齐州
长安

旅行成就

中日友好

出境事由

阿倍仲麻吕是日本遣唐留学生之一，他在中国学习并任职，结识了王维、李白等好友。753 年，他与鉴真一同回日本，却遭遇意外又回到长安。

乘客

隋炀帝

← 隋炀帝既是隋朝大运河的修建者，也是第一批在大运河上旅行的人。

出发 **洛阳**

到达 **江都（扬州）**

时间 **605 年—616 年**

隋炀帝频繁修运河和御路，建东都，筑长城，对外征战，这一切使得百姓难以承担。

隋炀帝之三下江都

过往行程

605 年 首次下江都
610 年 第二次下江都
612 年 从江都出发征讨高丽，败
613 年 第二次亲征高丽，因后方有人造反而撤军
614 年 第三次亲征高丽，胜
616 年 第三次下江都

乘客

乾隆帝

历次南巡一般正月出发，陆路与乘船结合到达杭州。回程时绕道江宁，祭明太祖陵，检阅部队，四月底五月初返京。

出发 **北京**

到达 **杭州**

时间 **1751 年—1784 年**

← 乾隆曾在此期间六次南巡。想了解乾隆南巡之旅，可翻到章末拉页部分。

乾隆帝之一路向南

祖传路线

1684—1707 年间，康熙也曾六次沿京杭大运河南巡。治河和加强对东南地区的统治，是康熙南巡的主要原因。不同的是，乾隆南巡带有旅游性质。

行李区

古人在运河旅行中都带些什么？除了有形的行李，还有许多诗歌书画和文艺作品。

《水程图》

《水程图》是由王世贞策划，张复将由苏州北上京城的途中景色记录作画，后与钱榖合绘而成，是目前唯一一例表现大运河全线的明代绘画作品。

VIP 旅游年卡

徐霞客

因为徐霞客是江阴人，他的旅行常常从无锡进入大运河，再经水路、陆路转到其他地方。

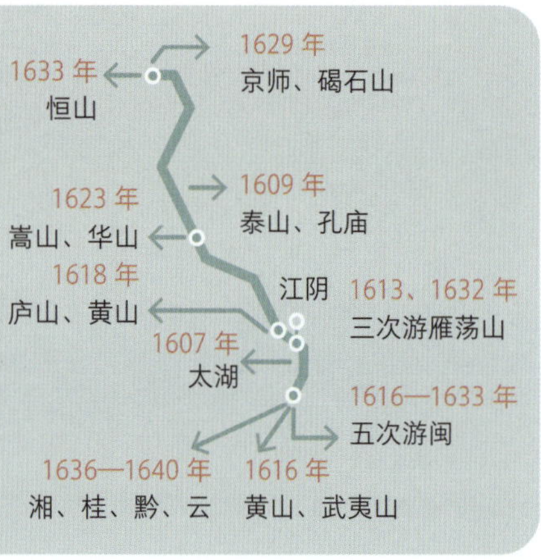

1629 年
京师、碣石山
1633 年
恒山
1609 年
泰山、孔庙
1623 年
嵩山、华山
1618 年
庐山、黄山
江阴
1613、1632 年
三次游雁荡山
1607 年
太湖
1616—1633 年
五次游闽
1636—1640 年
湘、桂、黔、云
1616 年
黄山、武夷山

乘客

白居易

出发 **苏州**

到达 **洛阳**

时间 **826 年**

白居易在途中遇见了好友刘禹锡，两人都经运河回洛阳，他们一起游览写诗，互相勉励。

沉舟侧畔千帆过，
病树前头万木春。
白居易
刘禹锡

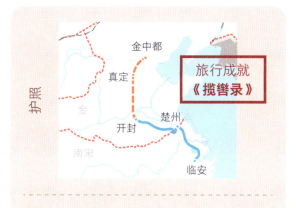

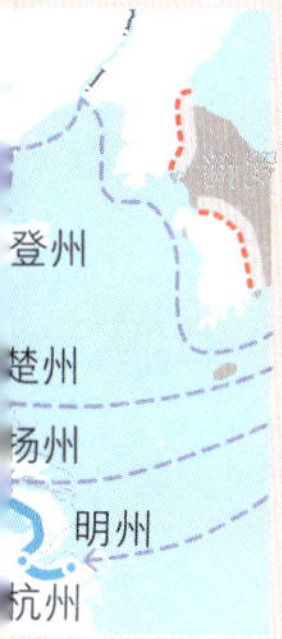

登州
楚州
扬州
明州
杭州

乘客
阿倍仲麻吕（后改名晁衡）
国籍
日本
第一次前往中国时间
717 年

护照

金中都
真定
金
楚州
开封
南宋
临安
旅行成就
《揽辔录》

出境事由

范成大出使金国的目的，一是要求返还被侵占的洛阳，二是修改宋金之间交换国书的仪式，但最终没有成功。他预计此行凶多吉少，所以一路记录。

乘客
范成大
国籍
南宋
出发时间
1170 年

护照

广宁
义州
北京
山海关
汉阳
明
济州岛
杭州
台州
旅行成就
《漂海录》

出境事由

崔溥原来打算从济州岛回到朝鲜半岛，遇上风暴漂流至中国台州，查明身份后沿运河到达北京，再由陆路回到朝鲜。

乘客
崔溥
国籍
朝鲜
出发时间
1488 年

行旅诗与送别诗

运河催生出许多以旅行与送别为主题的诗歌，交游较广的如梅尧臣，写了五百首以上的送别诗。

遗落的宝箱

丢失的宝箱背后是一段悲剧故事，想阅读这个故事请翻到章末拉页部分。

杜十娘怒沉百宝箱

过往行程

白居易一生中曾几次沿着运河来往于洛阳与江南之间。在运河沿线，他不仅留下了诗篇，还为百姓做了实事。

- 杭州 修堤筑闸，灌溉农田，在湖中种菱藕、养鱼。
- 苏州 与百姓开山塘河。

乘客
苏轼 ← 苏轼是运河常客，他曾 19 次经过大运河，最后在运河沿线的常州终老。

出发
湖州
到达
汴京
时间
1079 年

苏轼为什么在湖州被捕，这究竟是怎么回事？想阅读这个故事请翻到章末拉页部分。

苏轼之官场沉浮路

过往行程

苏轼曾在徐州、湖州、润州、常州、杭州等地任职，他因为赴外地任职和返回京城而多次在运河上奔波。

运河沿线城市也留下了苏轼的痕迹，如邵伯斗野亭、杭州苏堤等。

乘客
李白 ← 李白一生都在四处游历，他有多次运河旅行经历，也曾长时间住在运河沿线城镇。

出发
宋城
到达
杭州
时间
738 年—739 年

这次运河之旅经泗水、邗沟、江南运河，到达杭州。这是他历时长久、行程完整、留下诗文最为丰富的一次运河旅行。

李白与他的朋友们

- 扬州 726 年，李白与孟浩然同行到扬州游玩，后孟浩然南下浙江，李白则停在扬州，散尽钱财。
- 杭州 739 年，李白与李良同游杭州天竺寺。
- 梁宋 744 年，李白、杜甫、高适结伴游梁宋（今商丘一带），把酒论诗。

本页提到的所有旅客都出现在大运河百景图上，如果你感兴趣，可以尝试寻找他们的踪影！

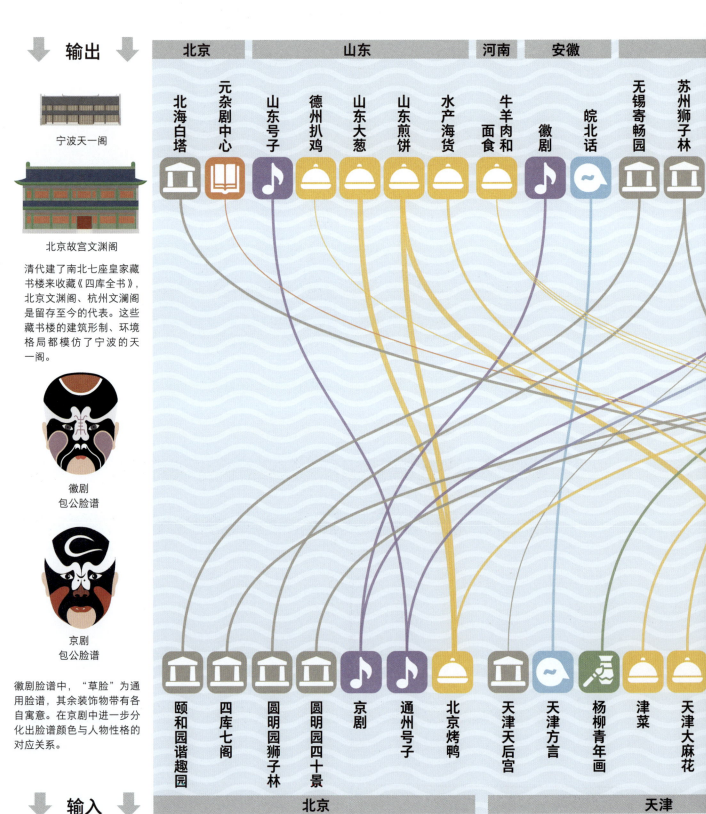

作为南北文化交流的桥梁

大运河贯通南北，促进了沿线三十余个城镇间的文化交流，这既包括了官方文化输出，也包括了民间自发的学习、交流和传播。这里将文化的类别细分为营建、地名、曲艺、工艺、方言、文学、饮食七大类，呈现了自唐宋以来由运河推动的南北文化交流成果。其中北宋末期的建炎南渡（1127 年）、明初的明成祖迁都（1421 年）和新中国成立以来对大运河的整修（20 世纪 50 年代）更是标志性历史事件。

输出

宁波天一阁

北京故宫文渊阁

清代建了南北七座皇家藏书楼来收藏《四库全书》，北京文渊阁、杭州文澜阁是留存至今的代表。这些藏书楼的建筑形制、环境格局都模仿了宁波的天一阁。

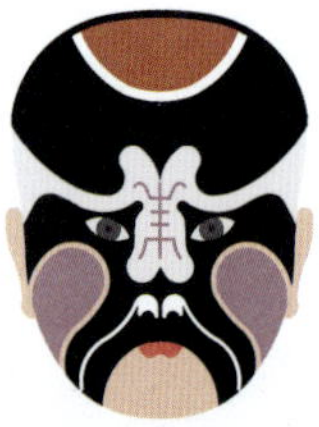

徽剧
包公脸谱

京剧
包公脸谱

徽剧脸谱中，“草脸”为通用脸谱，其余装饰物带有各自寓意。在京剧中进一步分化出脸谱颜色与人物性格的对应关系。

输入

北京
山东
河南
安徽
北海白塔
元杂剧中心
山东号子
德州扒鸡
山东大葱
山东煎饼
水产海货
牛羊肉和面食
徽剧
皖北话
无锡寄畅园
苏州狮子林
颐和园谐趣园
四库七阁
圆明园狮子林
圆明园四十景
京剧
通州号子
北京烤鸭
天津天后宫
天津方言
杨柳青年画
津菜
天津大麻花
北京
天津

营建

建筑、园林是文化的重要载体，不同地方元素的融合使得南北两地营建物风貌相似中又有不同。

地名

运河沿岸的不同城市出现同名地名，通常是聚落迁徙、贸易往来带来的影响和结果。

曲艺

自古便有“水路即戏路”的说法，即戏曲很大程度上依赖水路传播，最直接且著名的例子是清乾隆年间的徽班进京。

工艺

运河开通使得南北材料和工艺得以融合，工匠与文人的交往也愈加密切，作品呈现出更高的艺术造诣和文人化倾向。

方言

方言的“飞地”现象指某地方言与周边相异却与远地相似，这种情况可能来源于历史上沿运河发生的大规模移民。

文学

许多知名元杂剧和明清小说作家，如关汉卿、施耐庵、曹雪芹均生活在运河沿线城镇，作品多反映运河文化。

饮食

传统的“南米北面”，南方菜的甜、鲜、嫩和北方菜的咸、色、浓等特点均通过运河得以交流融合。

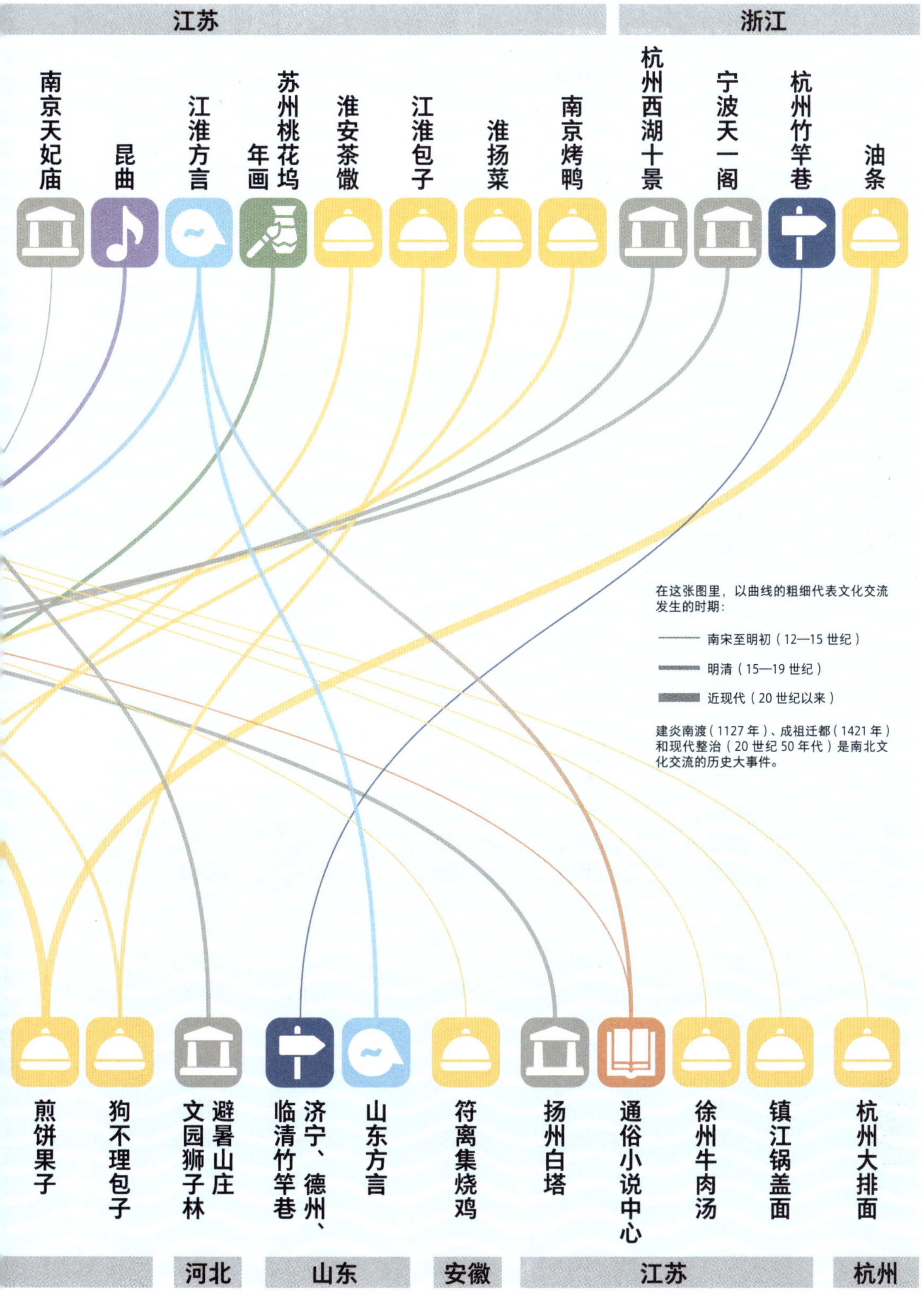

江苏
浙江
输出
南京天妃庙
昆曲
江淮方言
苏州桃花坞年画
淮安茶馓
江淮包子
淮扬菜
南京烤鸭
杭州西湖十景
宁波天一阁
杭州竹竿巷
油条
在这张图里，以曲线的粗细代表文化交流发生的时期：
南宋至明初（12—15 世纪）
明清（15—19 世纪）
近现代（20 世纪以来）
建炎南渡（1127 年）、成祖迁都（1421 年）和现代整治（20 世纪 50 年代）是南北文化交流的历史大事件。
煎饼果子
狗不理包子
避暑山庄
文园狮子林
济宁、德州、临清竹竿巷
山东方言
符离集烧鸡
扬州白塔
通俗小说中心
徐州牛肉汤
镇江锅盖面
杭州大排面
河北
山东
安徽
江苏
杭州
输入

巷
竿
竹

杭州竹竿巷

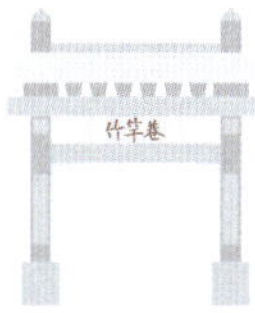

竹竿巷

济宁竹竿巷

毛竹原本产自南方，宋时竹器编织、销售贸易聚集于杭州竹竿巷，它的名字随工匠和商人沿运河一路传至北方，在山东也出现了多个相同地名。

《西湖十景》册页
之曲院风荷
（清 · 董邦达）

《圆明园四十景图》
之曲院风荷
（清 · 沈源、唐岱）

乾隆帝在第一次南巡时就命朝中学士董邦达创作一套册页（一种书画装裱形式），把西湖美景都保留在画纸上，以便朝夕赏玩。之后更以董邦达的画为蓝图，在京城修建相应景致。

传播着来自五湖四海的精神信仰……

在运河沿线有许多不同类型的宗教建筑，它们见证了运河周边出现过的多彩的精神信仰。

大运河提供了便利的交通，运河附近集中了中国最繁华的商业城市，吸引了各地区的人们前来经商落户，多种宗教也随之传播。而运河的河道复杂、行旅艰难，也催生了大运河周边多元化的民间崇拜。

佛教

西汉末年，佛教沿丝绸之路传到长安。因为水陆交通发达，魏晋南北朝时期运河沿岸佛教传播迅速。隋唐时期，佛教空前发展，洛阳、汴州、楚州、扬州、杭州等运河城市佛寺林立，成为佛教传播的中心。此后运河周边一直是全国佛教活动的重心，著名的禅宗四大丛林（禅宗寺院）镇江金山寺、扬州高旻寺、常州天宁寺、宁波天童寺都坐落在运河沿线。唐代的鉴真和尚就是从扬州出发，东渡日本交流佛法。

著名寺庙

镇江金山寺
禅宗四大丛林之一

杭州六和塔
运河四大名塔之一

基督教（新教）

基督教早在唐代就已传入中国。19 世纪，基督教势力开始在运河地区扩张，除了教堂，还建造了一些医院、学校。

天主教

1293 年，天主教传教士孟高维诺乘船来到中国，后沿大运河北上，在元大都修建了中国第一所天主教堂。当时除了元大都，镇江、杭州和泉州等地都有天主教传播。

明后期，利玛窦等传教士来华传教，天主教再度兴起，同时伴随着西学东渐和中国文化西传。

伊斯兰教

651 年，伊斯兰教从海上丝绸之路传入中国。宋元时期是伊斯兰教在中国传播的兴盛期，尤其是在运河及东南沿海地区，北京、杭州、扬州等地都有清真寺。大运河作为主要的经商通道，繁华的运河城镇吸引了穆斯林经商落户。

著名寺庙

杭州凤凰寺
中国伊斯兰教四大清真寺之一

扬州仙鹤寺
伊斯兰教先贤普哈丁创建

道教

道教是形成于东汉的中国本土宗教，到南北朝时盛行起来。到了明代，道教逐渐世俗化，大运河沿岸也有道教与水神信仰相融合的现象。

罗教

罗教由罗清于明正德年间创立，最初的听众为守备和运粮军人。明末，罗教在漕运水手中流传起来。由于罗教庵堂多成为漕运水手的栖息场所，所以漕运水手中信徒很多。雍正至乾隆时期，罗教屡遭禁止。乾隆年间，罗教转化为水手行帮。后来，一部分船帮转变为青帮。

妈祖

妈祖又称天妃、天后，原本是福建沿海地区的信仰。关于妈祖的正式记载最早出现于宋代，元代随漕粮海运而被传播到京津冀地区，明清时期又随着福建商人北上、在大运河沿线经商而传播。但有的天妃宫和天后宫供奉的并非妈祖，而是地方神灵，或者与当地神灵结合一同祭祀。

著名寺庙

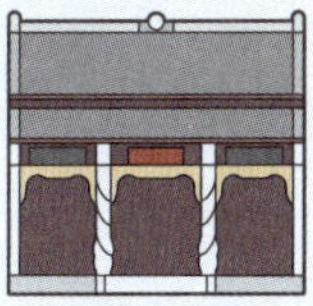

宁波庆安会馆
祭祀妈祖与行业聚会合一

天津天后宫
世界三大妈祖庙之一

晏公

明代以前，晏公原本是江西地方性水神，以平定风浪、保障江海行船著称。明清漕运的兴盛，使晏公成为运河沿岸庙宇数量仅次于金龙四大王和妈祖的神祇。明中期以后，随着金龙四大王等新的水神信仰的兴起，新建的晏公庙数量减少。

关帝

信仰关公代表了对安全的向往。关羽是山西人，因此格外受晋商推崇。明代随着地域性商帮发展，山西会馆在全国各地建立。几乎所有山西会馆中都有关帝庙或关帝殿，甚至许多山西会馆就是在已经破败的关帝庙上建立的。

金龙四大王

金龙四大王的原型为南宋灭亡时投江殉国的名士谢绪，少数地区流行不同版本的形象和传说。金龙四大王是消除水患、保护漕运的神灵，在元代，他已经是江南民众普遍信奉的水神，明清时期随漕运而广泛传播。在光绪年间最后一次加封后，谢绪几乎成为封号最长的神灵之一，全称长达 44 字。

他的庙宇曾遍布运河和黄河下游区域，其中宿迁大王庙保留至今。

还有其他“大王”吗？

由治水名人演变的水神信仰还有很多，例如绍兴会稽山禹陵供奉的大禹；扬州邗沟大王庙供奉的是分别开凿邗沟和盐运河的夫差和刘濞；南旺分水龙王庙供奉的是南旺分水枢纽工程的建设者宋礼和白英；河南滑县大王庙里供奉的是战国李冰，南宋谢绪，明代黄守才、张居正，清代朱之锡五位与治水相关的先贤。

镇水兽

古代用于镇水的神兽很多，其中铁牛居多。明代就有刘伯温“九牛二虎一只鸡”镇洪水的传说。清代康熙年间铸造的“九牛二虎一只鸡”分别放置在淮扬运河的险要河段上，现在还能看到五尊洪泽湖镇水铁牛，以及位于高邮和邵伯的铁牛。

开封镇河铁犀
明代为镇黄河而立

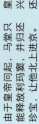

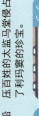

G-4
C-3
卫河
大清河
C-2
微山湖

C 利玛窦

C-1

利玛窦带着珍宝北上，一路上他还在观测记录。

C-2

旅途并不顺利，利玛窦在南旺遇险，目睹商船倾翻。

C-3

在临清，无恶不作、欺压百姓的太监马堂侵占了利玛窦的珍宝。

C-4

马堂将利玛窦关押在天津，把献给皇帝的礼品据为己有。

C-5

由于皇帝问起，马堂只能释放利玛窦，并归还珍宝，让他北上进京。

C-6

皇帝对这个外国人很感兴趣，命人画像回赠，还要求他留在京城。

D 隋炀帝

D-1

隋炀帝杨广正坐在龙船上，打算通过邗沟到扬州南巡。

D-2

由于运河工程浩大，朝廷征调了大量百姓。

D-3

不论男女都要参加徭役，百姓苦不堪言。

D-4

不断有人不堪徭役重负死去，民怨沸腾。一些密谋和起义在酝酿。

D-5

杨广一路游玩，看到美女便下令强抢过来。

D-6

谁能料到旅途终点竟也是人生的终点！大臣谋反，他被逼自缢于江都行宫。

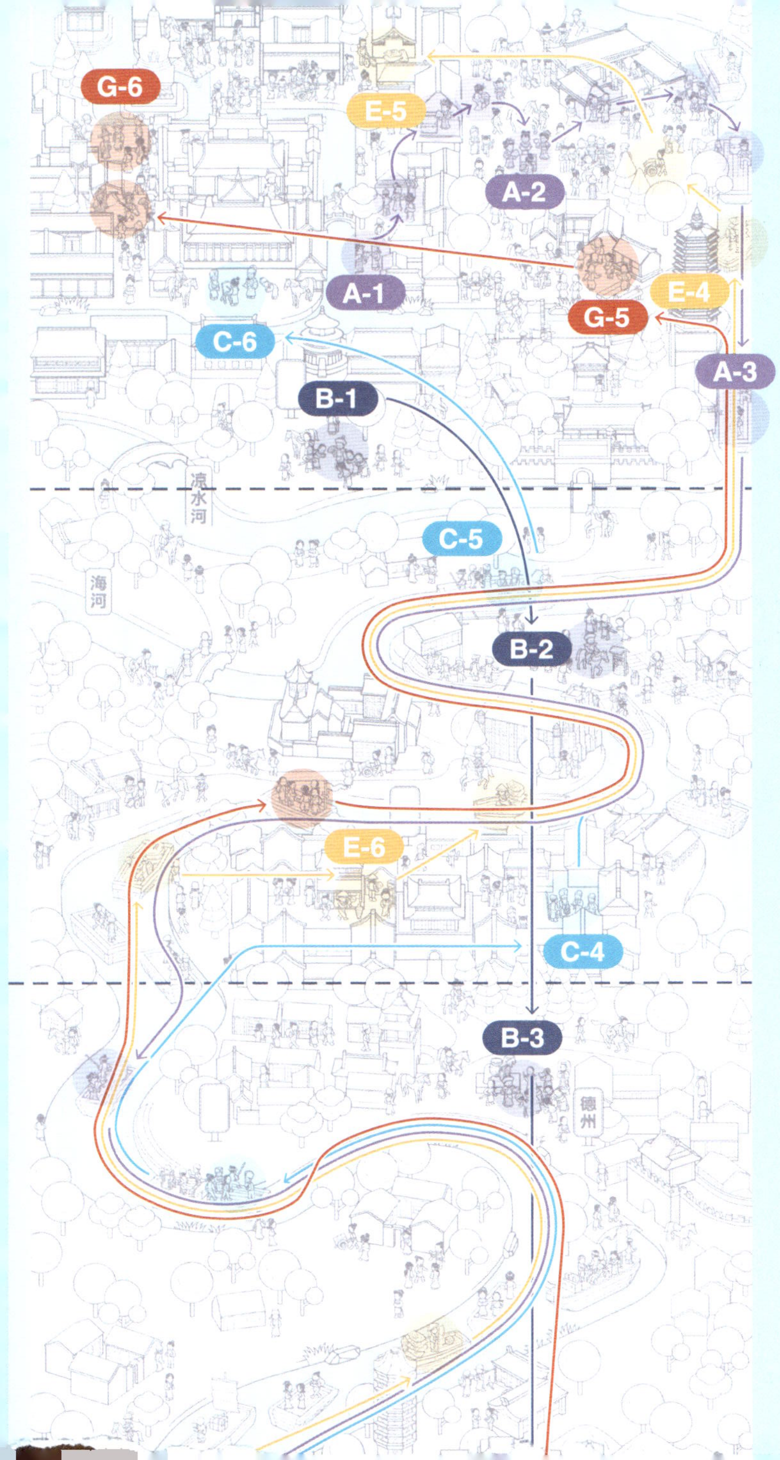

G-6
E-5
A-2
A-1
E-4
G-5
C-6
A-3
B-1
潞水河
C-5
海河
B-2
E-6
C-4
B-3
德州

A 杜十娘

A-1

名妓杜十娘与李甲邂逅，李甲想替她赎身，却凑不到钱。

A-2

李甲懦弱，躲了起来。最终是杜十娘拿出积蓄，与姐妹凑了许多钱。

A-3

赎身后，两人带着宝箱乘船南下，打算回李甲家乡成亲。

A-4

回程途中，另一艘船上的孙富听到了杜十娘的歌声，觊觎她的美色。

A-5

孙富找到李甲商量，想用一千两银子交换十娘，李甲贪财，同意了。

A-6

十娘悲愤难当，怒将宝箱中宝物扔入江中，最后抱着宝箱投江自尽。

B 乾隆皇帝

B-1

乾隆皇帝带着随从们由北京出发，准备下江南！

B-2

第一站，天津！乾隆在这里视察农作，减免赋税。

B-3

下一站，山东！乾隆在儒学之乡视察书院、礼贤下士。

B-4

到达宿迁，乾隆一行人在这里进入运河。

B-5

渡过黄河，他来到清口附近检阅河务。

B-6

一路上，乾隆皇帝品尝专门为他定制的可口船点。

B-7

无聊的旅途中，在船上看戏是他的一大消遣。

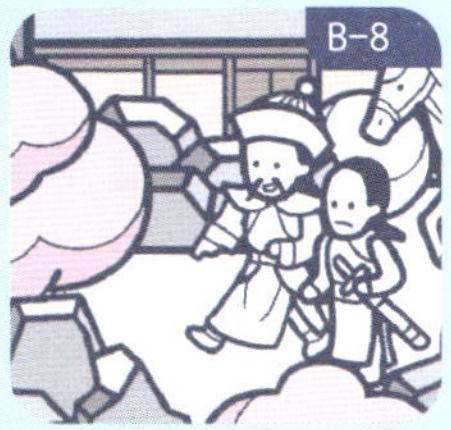
B-8

乾隆皇帝很喜欢苏州狮子林，每次下江南，他都会到这里游览一番。

大运河上的旅客来来往往，想知道他们经历了什么吗？

▶▶▶是时候打开大运河百景图了！

大运河上旅客纷纷，请找到以下这些旅客的身影，追踪他们的脚步，来看看他们在大运河上发生了什么故事吧！（追踪的方法与宋礼的故事相同）

如果你曾在运河上或运河城市中旅行，也把你的故事画进来吧！

A 杜十娘

或许你曾听说过杜十娘的故事，与李甲相遇，是她走向悲剧的开始。
请在北京城里找到她，一步步追寻她人生故事的发展吧。

B 乾隆皇帝

乾隆下江南的故事广为人知，但你知道他下江南一路做了什么吗？
我们从北京开始，跟着乾隆帝体验一次帝王之旅吧！

C 利玛窦

明万历年间，意大利人利玛窦远渡重洋到中国传播教义，想要觐见皇帝。
现在，他带着一船珍宝从江苏出发了！看看他的旅程顺利吗？

D 隋炀帝

运河建成后，隋炀帝乘龙船南下巡游，相信你一眼就能找到在淮安运河上得意洋洋的他。但这次江都之行另有一群人在阴谋策划，最终他们的结局如何？

E 押运兵老李

明代漕运一度采用从取粮到送粮都由押运兵执行的方法。请在苏州附近找到正在收粮食的押运兵老李，看看他这一路除了运粮还干了什么。

F 苏轼

苏轼曾多次在江南各地当官任职，这次他被调到杭州。
我们来看看他在杭州做了什么，后来发生了什么意想不到的事情。

G 戏班小生

在清代，扬州的戏曲演出极为兴盛。这天，扬州又在上演一场大戏。演罢，戏班开始北上巡演，他们的巡演终点站是哪里？一路上又有什么收获？

→ 翻开这里，查看答案

04

一河亘古今

在古代，大运河曾被无数人守护，
近代以来，它经历了剧烈的变迁，
幸好，人们重新认识到了它的价值，

这条世界级的宝藏路线，
等待你去探索！

G 戏班小生

扬州正在上演一场精彩的堂会戏，吸引了许多人围观。

演出结束，戏班沿运河北上巡演，到了大的城镇就登岸表演。

戏班还收获了“铁杆粉丝”，他们一路追着看巡演。

戏班在临清停留时，小生邀请同样擅长唱戏的花旦加入戏班。

戏班终于到达通州，他们此行目的是给乾隆皇帝祝寿，进京献艺。

不同地区、不同戏种的演出队伍荟集京城，开始了盛大表演。

如果你曾在运河上或运河城市中旅行，
或是有一段与运河相关的故事，
你可以在大运河百景图里记录或描画你的想法和经历！

E 押运兵老李

E-1

老李正在征收农户上缴的粮食，接下来的任务是把漕粮送到京城。

E-2

朝廷允许随船携带少量私货，于是老李在苏州买了一批绣扇。

E-3

到了扬州，他又购入一些漆器。

E-4

一路顺利，老李带着漕粮在通州上了岸。

E-5

漕粮通过质量验收后，再经陆路运到京城的南新仓。

E-6

老李的私货什么时候卖掉了呢？在天津！看来老李这一趟收获不小。

F 苏轼

F-1

虽然苏轼是被贬官到杭州，但他决心在这儿做一个好的父母官。

F-2

苏轼和老百姓一起在钱塘江畔观潮赋诗，与民同乐。

F-3

苏轼还曾到常州赈灾，拯救百姓于水火。

F-4

他曾到乡间走访视察，并为此作诗，但这些诗为日后埋下隐患。

F-5

你注意到了吗？总有一个人偷偷跟在苏轼身后并记录他的一言一行。

F-6

这些诗作被政敌曲解攻击，他因此在湖州被抓，这影响了他的一生。

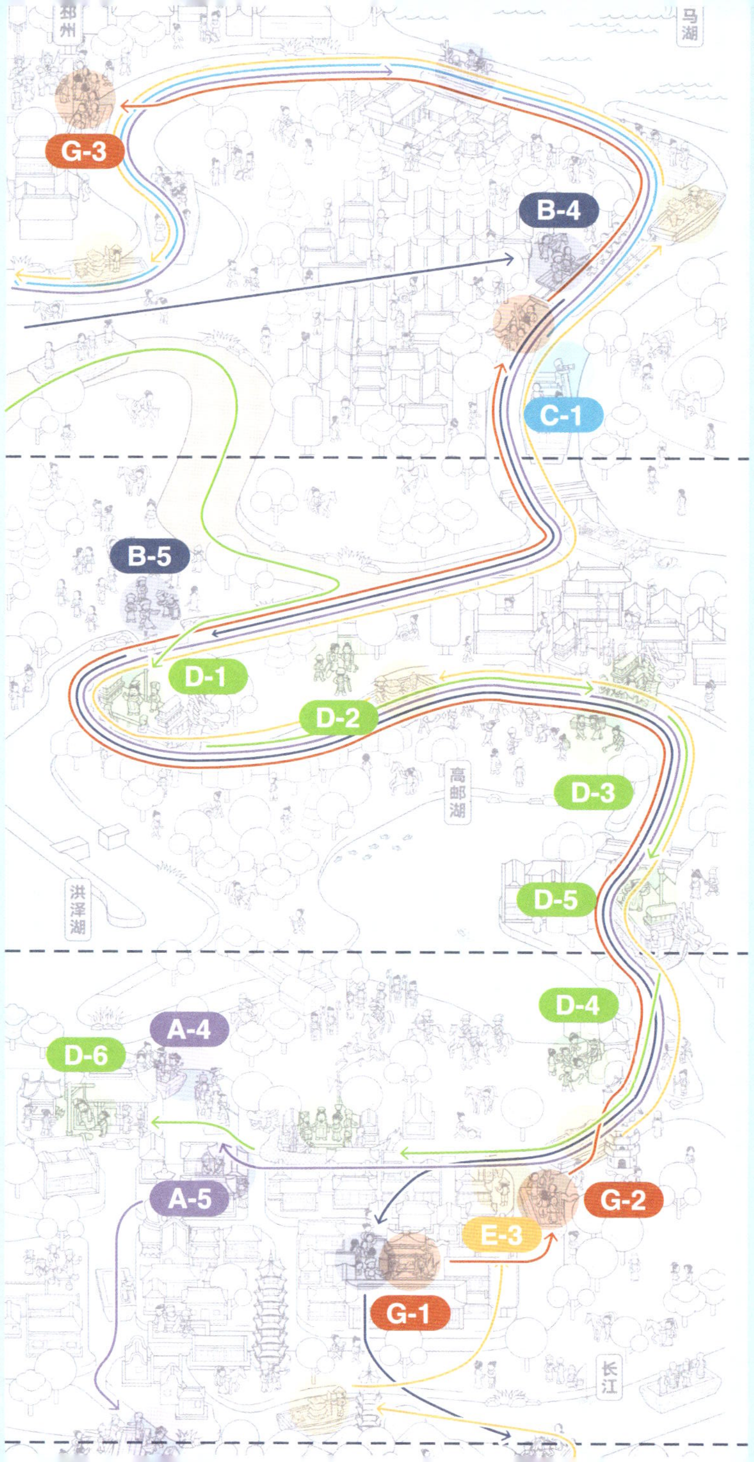
扬州
马湖
G-3
B-4
C-1
B-5
D-1
D-2
高邮湖
D-3
洪泽湖
D-5
D-4
A-4
D-6
A-5
G-2
E-3
G-1
长江

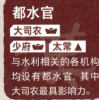

在古代，大运河曾被无数人守护

大运河是古代重要的经济命脉，影响着沿线城镇乃至国家的安危与发展，因此历朝历代都是中央政府的重点管理对象。很多官职也因此而设，许多官吏与无数劳工、河工、闸夫、船工、卫兵一起守护着大运河。

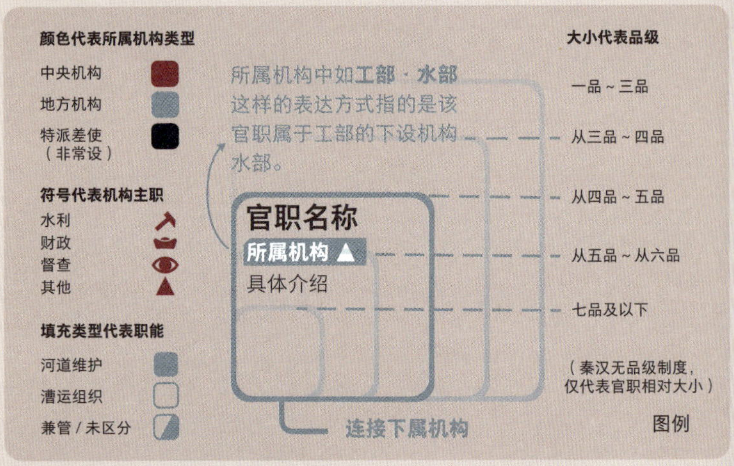
颜色代表所属机构类型
中央机构
地方机构
特派差使（非常设）
符号代表机构主职
水利
财政
督查
其他
填充类型代表职能
河道维护
漕运组织
兼管 / 未区分
所属机构中如工部 · 水部这样的表达方式指的是该官职属于工部的下设机构水部。
官职名称
所属机构
具体介绍
连接下属机构
大小代表品级
一品～三品
从三品～四品
从四品～五品
从五品～从六品
七品及以下
（秦汉无品级制度，仅代表官职相对大小）
图例

唐以前

秦汉时期设都水长丞等职，隋设都水监管理河渠。漕运开始显现出军事之外的经济作用，但并无专官，主要由地方官主持。

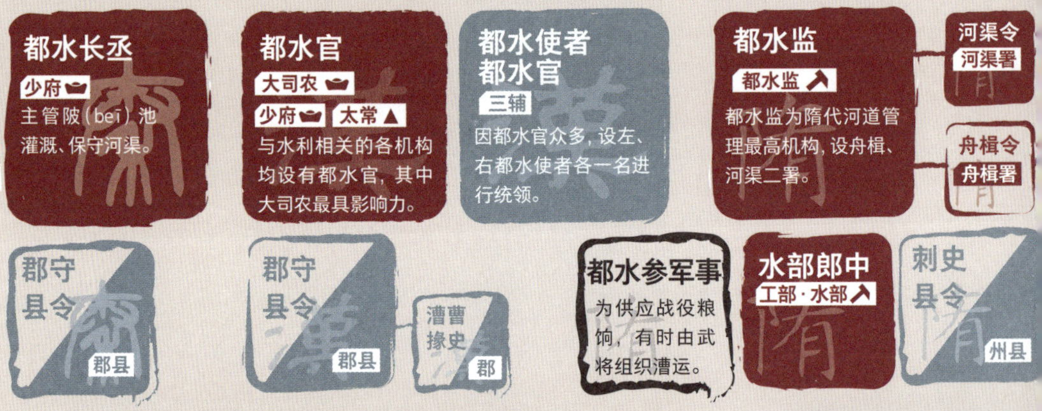
都水长丞
少府
主管陂（bei）池灌溉、保守河渠。
都水官
大司农
少府
太常
与水利相关的各机构均设有都水官，其中大司农最具影响力。
都水使者
都水官
三辅
因都水官众多，设左、右都水使者各一名进行统领。
都水监
都水监
都水监为隋代河道管理最高机构，设舟楫、河渠二署。
河渠令
河渠署
舟楫令
舟楫署
郡守
县令
郡县
郡守
县令
郡县
漕曹
掾史
郡
都水参军事
为供应战役粮饷，有时由武将组织漕运。
水部郎中
工部 · 水部
刺史
县令
州县

唐

唐代沿用都水监，与工部下司水部共同管理河道，唐代初期水部与户部度支司共同负责漕运。随着漕运需求的增加，出现了独立的漕务官职，漕运与河道管理正式分离，但此时漕官多属临时任命，尚无完整的组织机构和独立职能。

唐宋时期的运使是差遣事务，本身没有固定的品级，而是随任职官的级别变化。

都水使者
都水监
唐代都水监掌天下河渠、堤坝、渡桥等水利方面的政令，但初期无专官管理运河河道。
河渠令
河渠署
水部郎中
工部 · 水部
度支郎中
度支员外郎
户部 · 度支司
盐铁转运使
安史之乱后，为保障漕运，唐肃宗迅速扩大转运使权力。刘晏作为户部侍郎兼任度支、转运、盐铁、铸钱等使，盐铁兼漕运自此开始。
刺史
县令
州县
虽然漕运管理从地方机构独立出来，但漕船经过时，地方官仍需配合催督漕船行进。
江淮转运使
733年，裴耀卿充任江淮转运使，主持全国漕运，领导节制各地漕运上京事务。此后设使地区不断扩大。
水陆发运使
唐玄宗时，陕州刺史李杰进为水陆发运使，专门负责关东漕粮西运的工作，是中国最早的独立漕官。

宋

北宋初期，水部隶属三司，官制改革时又改回工部，南宋时并入屯田司，不再单独设置。北宋亦沿唐制设置了都水监，南宋时并入工部。

宋代形成了独立的漕运管理组织体系，形成了“三司—发运—转运”互相配合的漕运管理机制。但因中央高度集权，无论地方政权还是中央特派机关，地位和权力都不如前代。

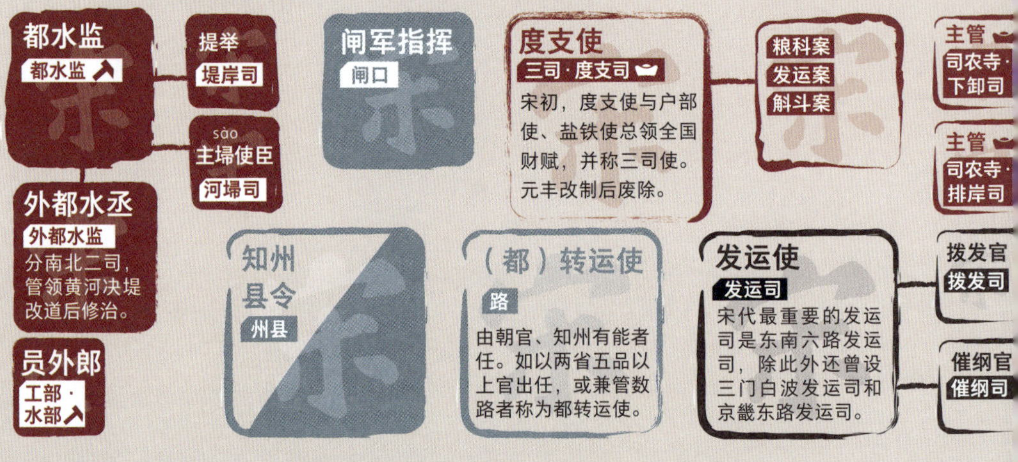
都水监
都水监
提举
堤岸司
sào
主埽使臣
河埽司
闸军指挥
闸口
度支使
三司 · 度支司
宋初，度支使与户部使、盐铁使总领全国财赋，并称三司使。元丰改制后废除。
粮料案
发运案
斛斗案
主管
司农寺 · 下卸司
主管
司农寺 · 排岸司
外都水丞
外都水监
分南北二司，管领黄河决堤改道后修治。
员外郎
工部 · 水部
知州
县令
州县
（都）转运使
路
由朝官、知州有能者任。如以两省五品以上官出任，或兼管数路者称为都转运使。
发运使
发运司
宋代最重要的发运司是东南六路发运司，除此外还曾设三门白波发运司和京畿东路发运司。
拨发官
拨发司
催纲官
催纲司

元

元代设都水监，主要关注大运河的通塞。元代初期进行了河运的尝试，设置都漕运使司管理，但未达到预期成效，改以海运为主。

明

明代不设都水监，改为工部下的都水清吏司。同时以总理河道、漕运总兵、漕运总督为首，形成了较为完备的运河管理组织架构。

总理河道

工部

成化七年（1471 年），明宪宗因运河河道淤塞、日渐衰破，任命王恕为首任总理河道官，掌管黄河、运河疏浚整治之事。

管河工部郎中

工部

设二员分驻安平、高邮。

管洪工部主事

工部

设二员分驻徐州洪、吕梁洪。

管泉主事

工部

相关职责后改由南旺工部分司负责。

管闸主事

工部

管闸主事二员分驻沽头闸、济宁。

都水清吏司郎中

工部·都水清吏司

前身为都水监。

管河同知通判

府州县

巡河御史

都察院

巡漕御史

都察院

千户 百户

兵部·卫所

漕运总兵

明成祖迁都后，为了向北京漕运江南物资，任平江伯陈瑄为漕运总兵，掌河道、漕运之事。

随着漕运总督和总理河道的设置，漕运总兵的地位渐渐下降。

漕运把总

兵部

明代由十二把总负责运输漕粮，把总由漕运总督管理，但人事仍隶属于兵部，受户部、兵部共同管理考察。

监兑主事

户部

监督民户交兑漕粮手续。

趱运郎中

zǎn

户部

负责漕运进京的催督。

漕运总督

户部

明代设置了漕运总督一职，由文臣出任，级别与漕运总兵相同，共管全国漕务。

漕运总督主要负责征集漕粮，漕运总兵主要负责押运进京。

督粮道

布政司

布政司为明代国家一级权力机构。明代每个布政司设一个督粮道，由布政司参政、参议分任。

理刑主事

刑部

处理漕运途中的刑事案件。

元代机构

都水监

工部→中书省·都水监

都水监由隶属工部变为隶属中书省，反映了其在国家行政机构体系中地位的升高。

分都水监

分都水监

包括山东和河南分监，其中河南分监专管黄河水利。

判官

行都水监

包括江南、济宁郓城、河南山东三个行监，河南山东行监主治黄河水患。

提举

河道提举司

包括大都路、东平路、宁夏路、怀孟路、兴元路等多个河道提举司。

运粮千户

通惠河运粮千户所

通惠河开通次年，在京畿都漕运使司下设此千户所，掌管通惠河运粮。

都漕运使

户部·都漕运使司

元初设有江淮和京畿两个都漕运使司。海运兴起后，江淮都漕运使司被裁撤，京畿都漕运使司分为内外两司，内司负责京内运输，外司负责连通海运。

都提举

兵部 / 户部·新运粮提举司

原属兵部，后改隶户部。

清代机构

河道总督

工部

明后期黄河经常泛滥，河事繁多，因此，总理河道的地位快速提高，这一职位在清代演变为河道总督，掌管黄河、运河等河道的堤防、疏浚等。

管河道员

河道

清代河道管理自成体系，河道总督以下分道、厅、汛三级管理。厅的级别类似明代府州，汛则类似州县级别，每级设文武两套系统。

管河同知

河厅

管河同知之下，设有正六品管河通判共同开展工作。

守备

兵部·卫所

武职方面，厅设置守备，汛设千总、百总。

都水清吏司郎中

工部·都水清吏司

巡河御史

都察院

巡漕御史

都察院

管河州同

河厅所属州县

也可由级别较低的管河州判或县丞管理。

千总

兵部·卫所

百总

兵部·卫所

管河主簿 管河巡检

河汛

总督仓场

户部

总督仓场设立之初，职责只是“掌督在京及通州等处仓场粮储”。后来其地位不断升高，到康熙时已与漕运总督、河道总督相当。

漕运总督

户部

清代将明代漕运总兵与总督两官职权合一，由漕运总督对漕运的各个管理环节进行全面的领导。

督粮道

省

清代对地方官的催漕之责规定得更细、更严。一旦漕船停滞于某地，当地官员就要受到例行处分。

监兑官

府

清

清代继承了明代的漕运组织管理体系，同时加强了对河道的管理，整套漕运管理系统更加完备。

然而清末政府面临内忧外患，加之海运、火车等新的交通运输方式出现，原有运河管理体系逐渐走向衰败。

近代以来，它经历了剧烈的变迁

清末至今，大运河经历了从断航到逐步复航的过程。清朝末年，因为战争和黄河改道，大运河的航运功能遭到严重破坏。虽然 1949 年以前也有一些修整运河的计划，但直到 20 世纪 50 年代以后，大运河整治工程才真正开始，并被重新使用。经过一系列的改造工程，大运河逐步恢复通航，今天，它还承担了许多新的功能。

大运河为何断航？

- 1853 年，太平天国军队占领扬州，切断运河航运。
- 1855 年，黄河改由山东利津口入海（也就是现在的走向），截断了会通河，致使运河堤毁岸崩，山东段逐渐淤废。
- 1865 年，清政府尝试恢复河运却困难重重，航道次年停运。近代海运和铁路的兴起也使运河在运输业的地位下降。
- 失去漕运功能以后，清政府放弃疏浚运河，陆续撤销河运、漕运管理机构，运河因长期失修而衰落，最终全线断航。

淮安段治理工程

黄河夺淮入海后打乱了淮河下游水系，在黄河改道山东后，运河断流，淮河情况也没有好转。

1958 年，京杭运河扩建工程开启，运河淮安段新开辟了一条河道。另外开辟了二河、淮河入海水道疏导淮河，改造了淮安的河流水系形态。

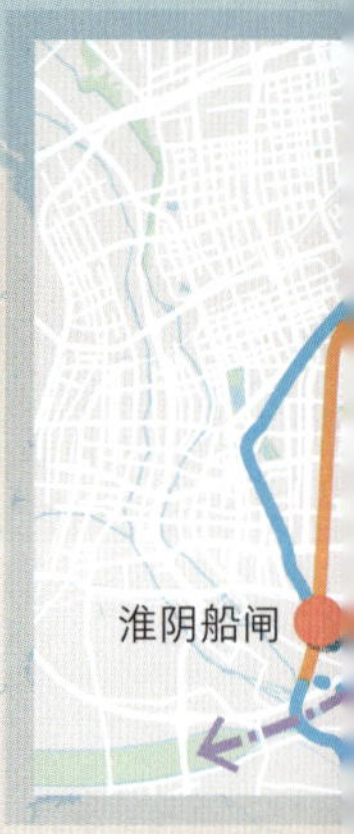
淮阴船闸

被黄河切断的大运河

如何穿越地上悬河——黄河，以及如何为河道通航提供充足的水源是大运河全线复航的两大难题。此外，运量、河道整治疏通等也是大运河复航无法回避的问题。

黄河
明清会通河
故道
京杭大运河

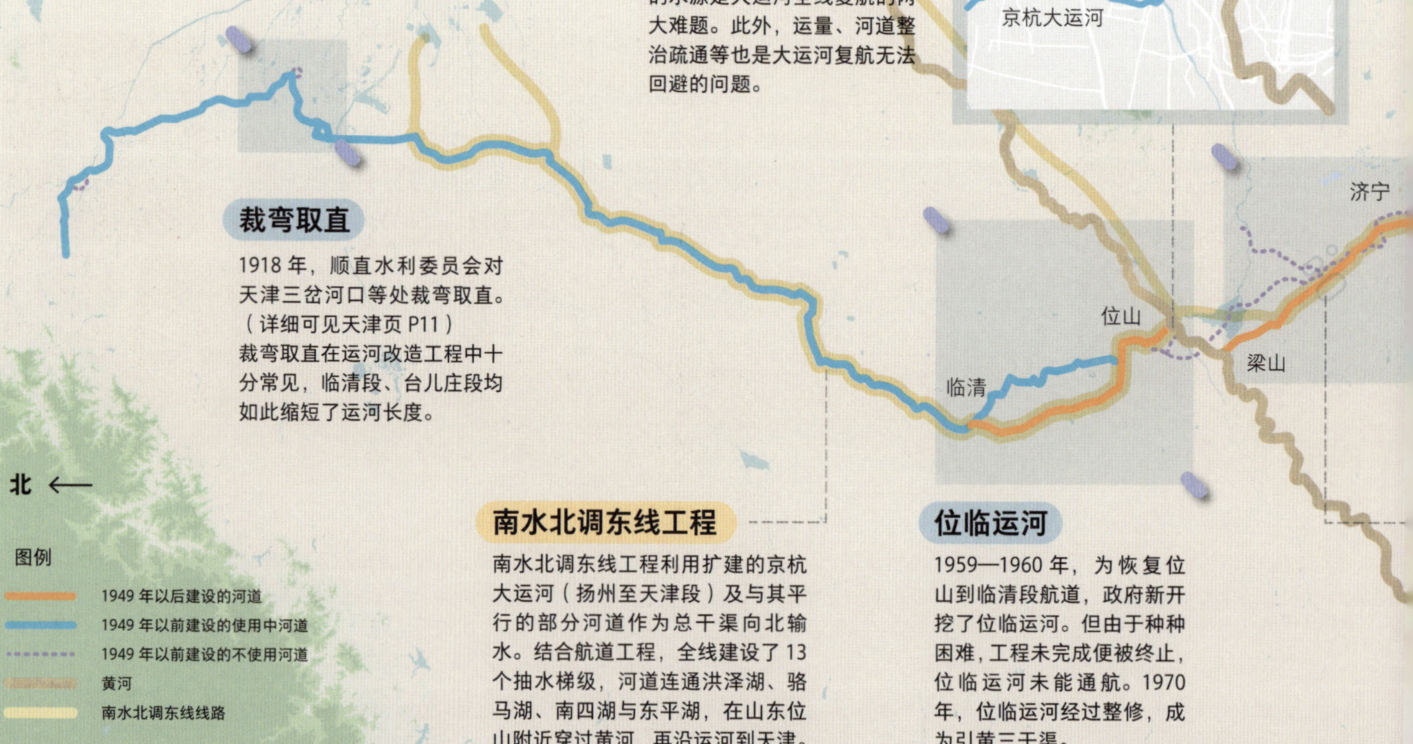
黄
河
济宁
位山
梁山
临清
北 ⟵
图例
1949 年以后建设的河道
1949 年以前建设的使用中河道
1949 年以前建设的不使用河道
黄河
南水北调东线线路

裁弯取直

1918 年，顺直水利委员会对天津三岔河口等处裁弯取直。（详细可见天津页 P11）裁弯取直在运河改造工程中十分常见，临清段、台儿庄段均如此缩短了运河长度。

南水北调东线工程

南水北调东线工程利用扩建的京杭大运河（扬州至天津段）及与其平行的部分河道作为总干渠向北输水。结合航道工程，全线建设了 13 个抽水梯级，河道连通洪泽湖、骆马湖、南四湖与东平湖，在山东位山附近穿过黄河，再沿运河到天津。

位临运河

1959—1960 年，为恢复位山到临清段航道，政府新开挖了位临运河。但由于种种困难，工程未完成便被终止，位临运河未能通航。1970 年，位临运河经过整修，成为引黄三干渠。

缩短航程

1958—1961 年，国家对大运河苏北段实施了大规模的全面整治。

这次整治过程中，提出了三个运河入长江的方案，经过技术和经济对比，最后选择开凿扬州市瓦窑铺至六圩航道，缩短了扬州、镇江间航程。

三江营线
长江
六圩线
瓜洲线（古运线）

另开新河

由于常州古运河穿城而过，发展规划时遇到诸多限制，常州市规划另开新河。现在，常州古运河段已经成为城市景观河道，失去航运功能。无锡段和苏州段运河也有类似的改造。

常州古运河
新开河道

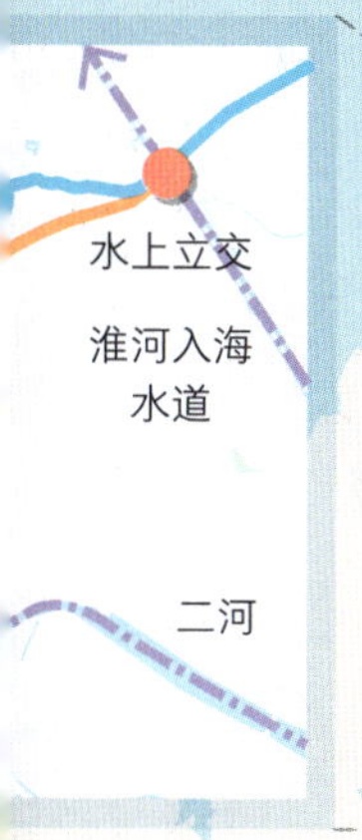

水上立交
淮河入海水道
二河

不牢河

1958 年，大运河不牢河段动工开挖，全长 72 千米，兼顾排涝和灌溉，1960 年春基本完成。

梁济运河

1959 年 10 月，开始挖凿黄河以南至南四湖段运河，即梁济运河。1970 年梁济运河通航，但由于河道淤积和入黄船闸达不到黄河防汛要求等原因停止航运。今日，经过修正，梁济运河成为大运河航道的一部分及南水北调东线工程的输水干渠。

消失的湖泊

北五湖指南旺湖、马踏湖、蜀山湖、马场湖和安山湖（今天的东平湖），它们曾是会通河的水柜。因为自然原因和人为开垦，南旺湖、马踏湖、蜀山湖、马场湖逐渐干涸，变为良田。

百年来，大运河逐渐恢复航运功能

自断航以后，各段运河进行了多次治理规划和改造工程，这些努力使大运河恢复航运成为可能。2018 年，京杭大运河通航里程达 1438 千米。2022 年 4 月全线贯通补水工作启动后，京杭大运河百年来首次全线水流贯通。

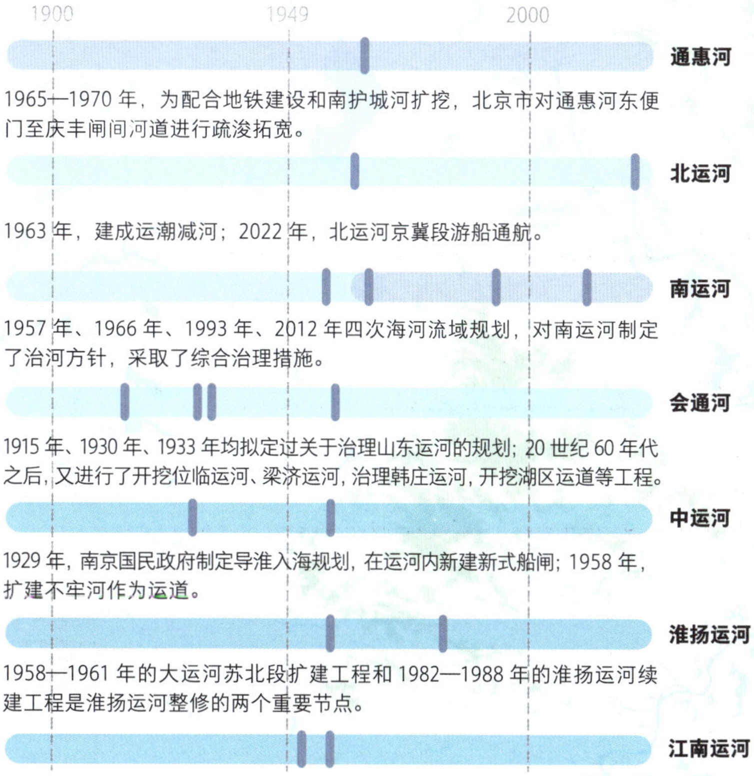

不通航
部分通航
通航
重要工程
1900
1949
2000
通惠河
北运河
南运河
会通河
中运河
淮扬运河
江南运河

通惠河：1965—1970 年，为配合地铁建设和南护城河扩挖，北京市对通惠河东便门至庆丰闸间河道进行疏浚拓宽。

北运河：1963 年，建成运潮减河；2022 年，北运河京冀段游船通航。

南运河：1957 年、1966 年、1993 年、2012 年四次海河流域规划，对南运河制定了治河方针，采取了综合治理措施。

会通河：1915 年、1930 年、1933 年均拟定过关于治理山东运河的规划；20 世纪 60 年代之后，又进行了开挖位临运河、梁济运河，治理韩庄运河，开挖湖区运道等工程。

中运河：1929 年，南京国民政府制定导淮入海规划，在运河内新建新式船闸；1958 年，扩建不牢河作为运道。

淮扬运河：1958—1961 年的大运河苏北段扩建工程和 1982—1988 年的淮扬运河续建工程是淮扬运河整修的两个重要节点。

江南运河：1952 年，编制苏南运河整治建设规划；1958 年，江南运河苏南段开始整治。

幸好，人们重新认识到了它的价值

京杭大运河是中国古代伟大的水利工程，是隋朝以后中国东部沟通内河、联系海港的南北水运交通干线。进入 21 世纪后，对大运河的保护观念逐渐形成，随着保护级别的升级和保护意识的提升，围绕大运河开展的申遗、考古发掘、修缮保护、展示工程等工作都取得了杰出的成就。

国外对大运河早有记录

1888—1967 年
影像资料对大运河有记录

一张名为《大运河》的照片中出现运河和运河船，现存于哈佛大学图书馆。

1900 年
德国人镜头下的运河风光

清朝末年，德国驻华大使阿尔方斯·冯·穆默（Alfons von Mumm）的《德国公使照片日记（1900—1902）》一书中记录了 1900 年的北京通州运河。

1948 年
美国插画师笔下的大运河

美国插画师路易丝·E. 杰斐逊（Louise E. Jefferson）在 1948 年的作品《中国友好地图》中绘制了京杭大运河。

德国人镜头下的通州运河，1900 年

大运河保护应高度重视

大运河考古发现

1999 年 · 安徽省柳孜运河遗址

柳孜运河遗址在安徽省 303 省道的建设过程中被发现，考古工作者在 1999 年、2012 年先后两次在这里发掘与发现沉船、石构建筑、水利工程设施等遗迹，还出土了大量的瓷器、陶器、铁器、石器、铜钱等。

2004 年 · 河南省回洛仓遗址

回洛仓遗址位于河南省洛阳市，在 2004 年的考古勘查中，发现仓窖遗存 71 座。经考古专家最终确定，该遗址为隋代的回洛仓遗址。

2007 年 · 北京市元明清运河遗址

2007 年 4 月，北京市文物研究所在考古发掘中清理出元代通惠河堤岸、明代玉河堤岸及其河道、清代玉河堤岸及其河道、东不压桥及澄清中闸遗址、两座便桥遗址、玉河庵遗址和码头遗址等重要遗迹。

修缮保护进行时

2009 年 · 维修和保护

对大运河本体的维修和保护工作主要在河南、河北、山东、安徽、浙江、江苏等地进行。

2012 年 · 清淤整治

大运河申遗进入倒计时阶段，浙江、山东、河南等地对各点段进行整治，对河道进行清淤。

大运河受专项法规保护

2012 年 · 专项保护

《大运河遗产保护管理办法》于 2012 年 7 月 27 日文化部部务会议审议通过，自 2012 年 10 月 1 日起施行。

回洛仓漕运沟渠

九年艰辛 大运河申遗成功

2005 年 12 月 · 三专家齐呼吁大运河遗产保护

郑孝燮、罗哲文、朱炳仁三位专家联名致信京杭大运河沿线城市市长，呼吁加快京杭大运河在申报物质和非物质文化遗产领域的工作进程。

2006—2007 年 · 全国政协两次大运河考察

全国政协两次启动大运河保护与申遗考察活动，考察了河北、河南、安徽三省境内隋唐大运河的保护以及考古发掘等方面的情况。

2008 年 3 月 · 大运河申遗工作正式启动

国家文物局召开了大运河保护与申遗第一次工作会议，明确了大运河申遗的工作方案，决定以城市联盟的形式整体联合申报世界文化遗产。

2009 年 4 月 · 国务院牵头大运河申遗工作

国务院牵头大运河申遗工作，并成立了大运河保护和申遗省部际会商小组，正式建立省部协商机制。

2012 年 3 月 · 申遗倒计时

大运河保护和申遗省部际会商小组会议通过了关于大运河保护和申遗的行动计划，重申大运河保护，排定申遗的倒计时表，严格有序地推进保护与申遗进程。

2014 年 6 月 22 日 · 大运河列入世界遗产名录

第 38 届世界遗产大会上，中国大运河被批准列入《世界遗产名录》。大运河共包含 85 个遗产要素，包括 27 段河道和 58 个遗产点。

第 38 届世界遗产大会现场

大运河博物馆专栏

2006 年 · 首座以大运河命名的博物馆开馆

杭州的中国京杭大运河博物馆于 2006 年 10 月 1 日建成开放，是国内第一座以大运河为专题的博物馆。

2021 年 · 中国大运河博物馆开放

扬州中国大运河博物馆于 2021 年 6 月 16 日建成开放。

2022 年 · 隋唐大运河文化博物馆开放

位于洛阳的隋唐大运河文化博物馆，于 2022 年 5 月 18 日正式开馆。

2023 年 · 北京大运河博物馆开放

2023 年 12 月 27 日，北京大运河博物馆（首都博物馆东馆）正式对公众开放。

北京大运河博物馆

京杭大运河会通河段

再次升级 运河保护

2005 年以前 · 大运河遗产点被单独列入保护单位

部分大运河遗产点被单独列为全国重点文物保护单位或省、市、县级文物保护单位。

2006 年 · 大运河被列为全国重点文物保护单位

国务院公布京杭大运河为第六批全国重点文物保护单位，遗产地址包括北京、天津、河北、山东、江苏、浙江。

2013 年和 2019 年 · 大运河关联遗产点被补充列入

国务院先后公布了第七批、第八批全国重点文物保护单位，大运河部分关联遗产点被补充列入。

这条世界级的宝藏路线，等待你去探索！

今天的大运河，是一条充满魅力的历史文化探索路线。作为世界遗产，它是复杂而多元的，你能看到各种类型、各种形态的历史遗存；同时，它是活态和发展的，它仍然保持着最初的通航功能，未来还有更多可能性等待探索和发掘。

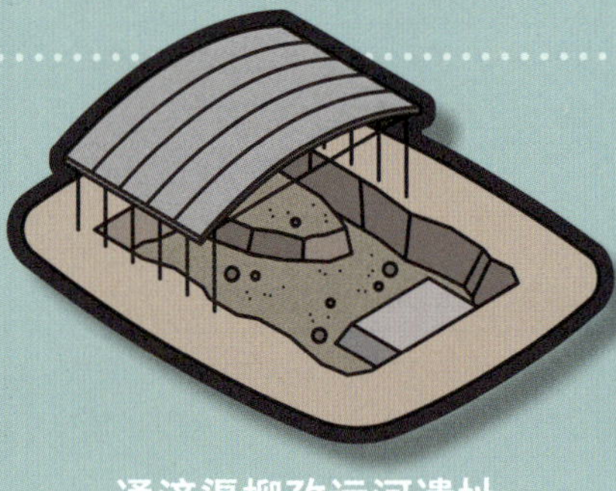

通济渠柳孜运河遗址

柳孜运河遗址是我国首次发现的隋唐大运河建筑遗址，清理出建筑、沉船、瓷器、铜钱等遗存。

澄清上闸

澄清上闸遗址位于万宁桥西侧，目前仍保持有闸槽、绞关石等建筑构件旧物。澄清上闸现已废弃不用，但万宁桥仍是中轴线上重要的交通桥。

水工遗产

大运河的水工遗产包括河道、湖泊和各种水利设施，总计 63 处，多于其他类型遗产。其中湖泊有北京什刹海和杭州瘦西湖两处，水利设施包括各类闸、坝、堤、码头、桥梁、纤道、水门等等。

附属遗产

包括配套设施和管理设施，有粮仓、驿站、漕运公署、钞关、会馆和行宫几种类型。

什么是大运河遗产？

被列入世界遗产的有 27 段河道和 58 处遗产点。

综合遗产

大运河综合遗产只有清口枢纽一处，它包含了多处河道、水工设施和古建筑。

相关遗产

与大运河相关的遗产包括古建筑群、历史文化街区。

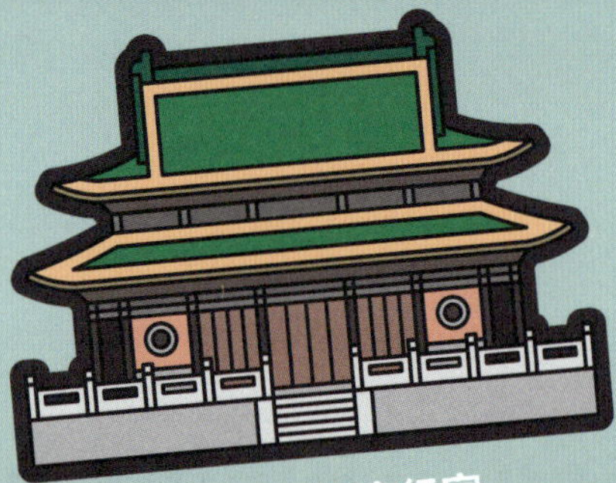

宿迁龙王庙行宫

宿迁龙王庙行宫东邻运河，西近黄河故道。乾隆六次南巡曾五次停宿于此，并建亭立碑，规制宏大。

清口枢纽遗址

个园

扬州的个园、汪鲁门宅、卢绍绪宅、盐宗庙都是运河盐业兴盛历史的见证。个园名字源于“月映竹成千个字”，园内的四季假山也是精华所在。

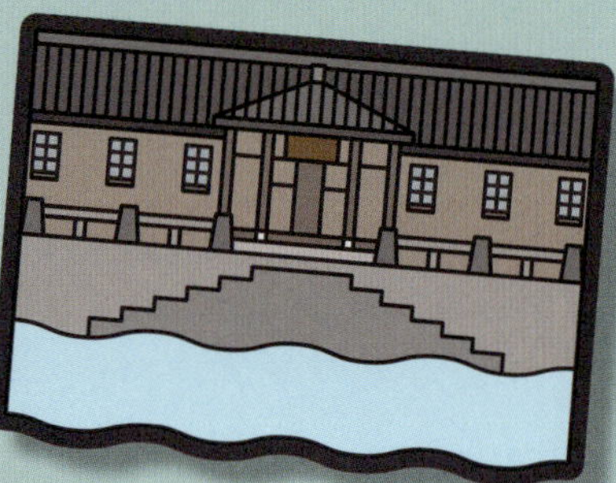

富义仓

富义仓建于清光绪年间，是杭州现存唯一的古粮仓。明清时这一带是水运货物的重要集散地，由此形成了米市。清末浙赣铁路修建，米市转移，大部分粮仓也因此废弃。

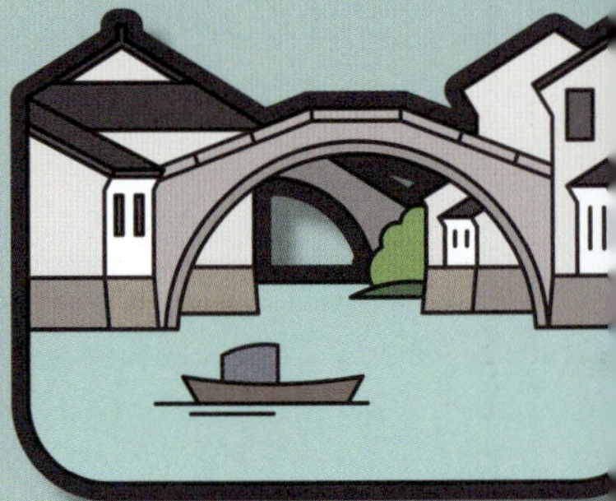

南浔镇历史文化街区

南浔镇在大运河支线——頔塘运河边，因桑蚕业、手工缫丝业而发展。运河与市内河道形成十字水系，交叉点周边至今仍是南浔镇中心所在。

沧州武术

沧州是著名的武术之乡。运河开通后，沧州成为重要城镇和集散地，也是走镖要道，武术更加兴盛。清代时，车船过境"镖不喊沧"，即扯下镖旗，不喊镖号，以示尊重。

苏州宋锦织造

"锦"是一种高级丝织品，苏州宋锦是中国三大名锦之一，工艺复杂。宋锦最早的文字记载可追溯到春秋，到明清时苏州成为皇宫织品重要供应地。

非物质文化遗产

大运河不仅是古代超大型交通工程，同时是一条文化交流廊道。除了物质遗产，大运河还留下了丰富多样的非物质文化遗产，包括传统戏剧、杂技、工艺美术等。

济宁东大寺

东大寺的前门正临老运河，是全国重点文物保护单位。

隋唐大运河文化博物馆

隋唐大运河文化博物馆位于河南洛阳。目前，杭州、扬州、淮安、聊城、台儿庄、淮北等地都有关于运河的博物馆。

通州城市绿心森林公园

在城市绿心森林公园内发掘复原了长约 2.5 千米的运河故道，同时，公园内建成了北京大运河博物馆。

清明上河图

其他类型遗存

除了世界遗产点外，还有许多古代建筑遗迹及文物能一窥大运河当时的盛况。

博物馆

公园景区

在哪里能观察 / 了解 / 探索大运河？

（开放的）遗址

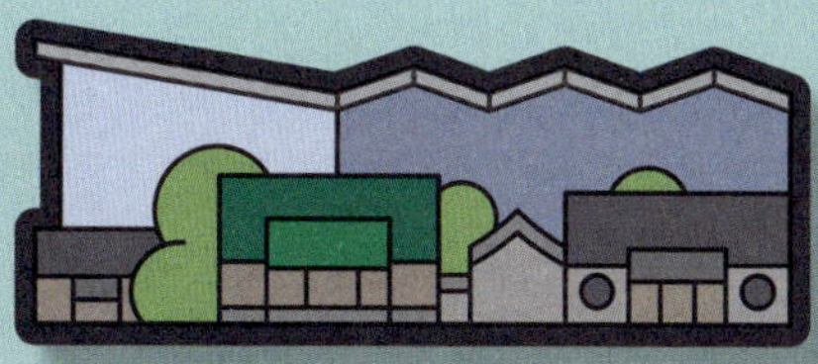

南旺枢纽考古遗址公园

这是目前京杭大运河上的唯一一处国家考古遗址公园，公园除了进行考古发掘、维修古建筑等工作，还建设了主题科技馆，向游客介绍运河知识。

未来大运河会是什么样？

大运河是鲜活的、流动的文化遗产，与人们的生活息息相关。从大运河世界文化遗产到大运河文化带，再到大运河国家文化公园，大运河的未来离不开保护、传承、利用——以更活泼、更亲和、更生态的方式。

更多的旅行方式

运河传统节庆

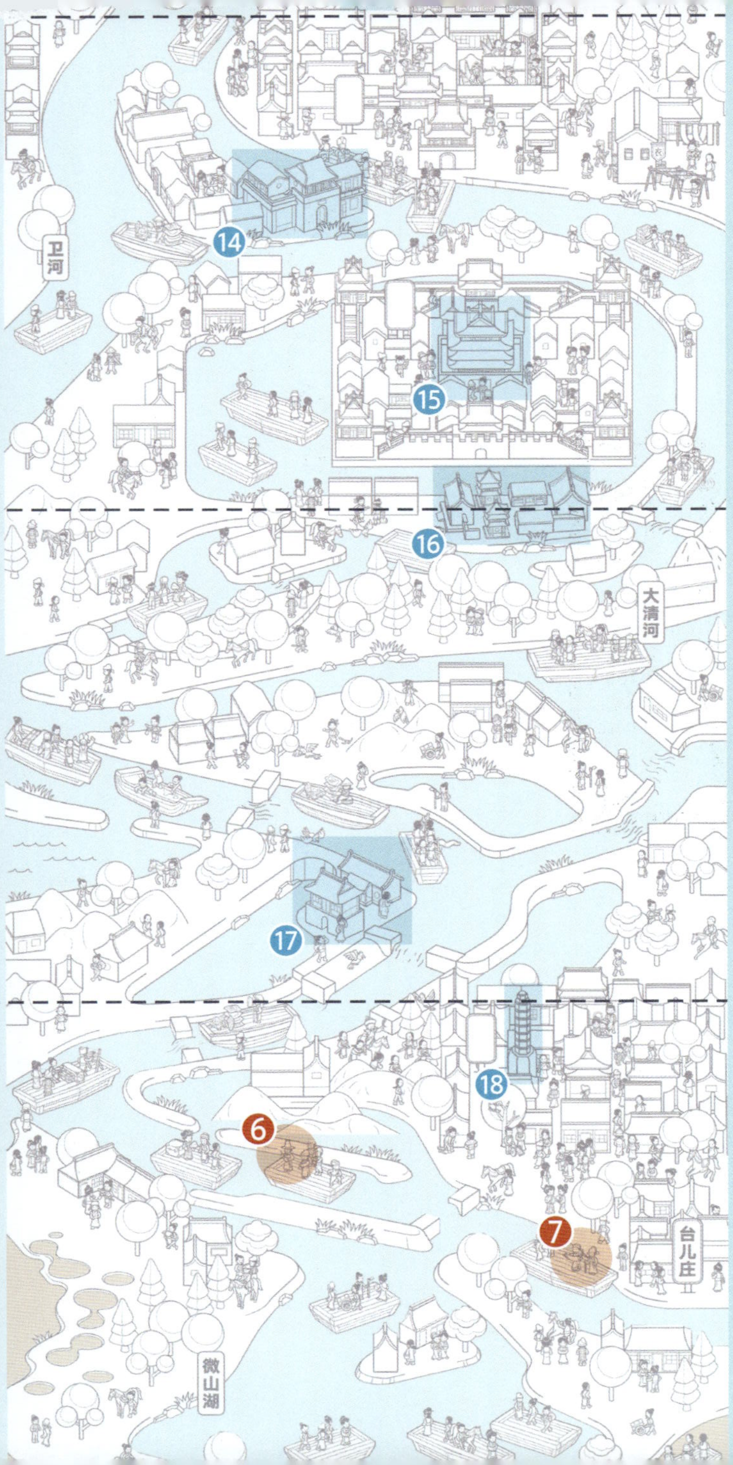

⑰ 济宁南旺分水龙王庙

⑱ 济宁崇觉寺铁塔

⑲ 宿迁龙王庙行宫

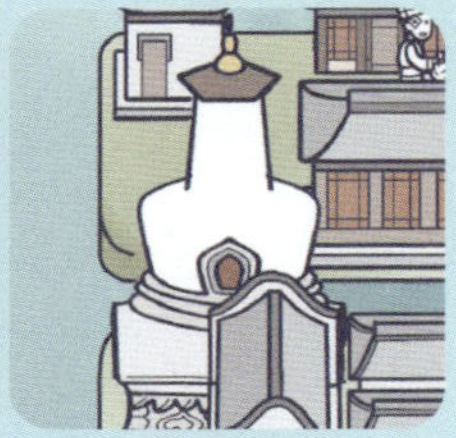
⑳ 扬州瘦西湖白塔

为了迎接乾隆，扬州盐商仿照北京白塔在扬州复刻了一座瘦西湖白塔

㉑ 扬州文峰寺塔

㉒ 扬州茱萸宝塔

㉓ 镇江金山寺

㉔ 苏州寒山寺

㉕ 苏州北寺塔

㉖ 苏州盘门

知名桥梁

❶ 北京通州八里桥

这里正有一场激烈的战斗！

❷ 无锡清名桥

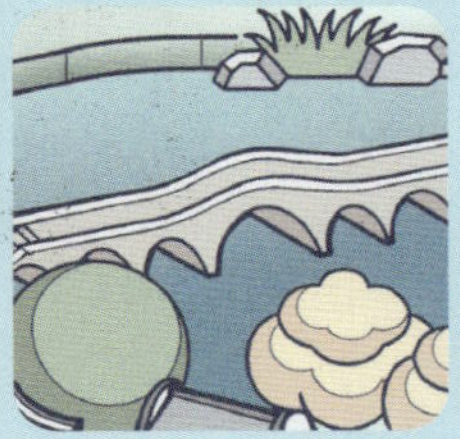
❸ 苏州宝带桥及纤道

❹ 杭州拱宸桥

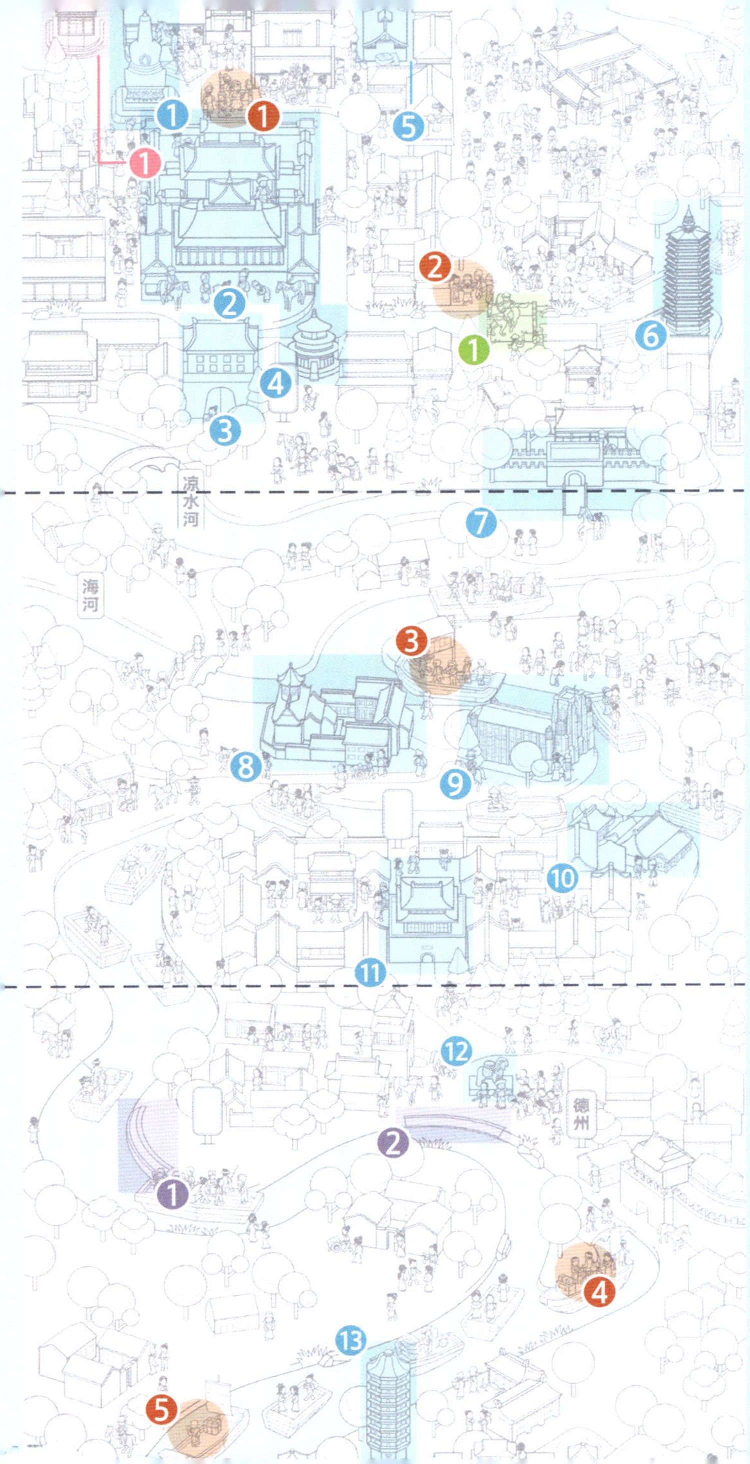

文保单位

❶ 北京北海白塔

❷ 北京故宫

❸ 北京正阳门

❹ 北京天坛

❺ 北京南新仓

❻ 北京通州燃灯塔

❼ 北京张家湾城门和通运桥

❽ 天津金家窑清真寺

❾ 天津望海楼教堂

❿ 天津天后宫

⓫ 天津鼓楼

⓬ 沧州铁狮子

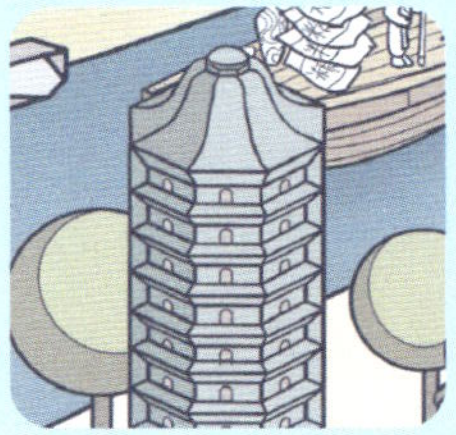

⓭ 临清舍利塔

⓮ 临清鳌头矶

⓯ 聊城光岳楼

⓰ 聊城阳谷海会寺

大运河上有众多的隐藏宝藏，你知道它们在哪里吗？

▶▶▶是时候打开大运河百景图了！

打开大运河百景图，你将会看到无数河流与大小城市。
你可以尝试完成以下两个挑战，再多了解大运河一些：

挑战 1：运河大寻宝

大运河百景图上有许多建筑、桥梁、水利设施，其中有不少留存至今，或许你曾在现实世界里见到过！请辨认出大运河沿线的文化遗产。

挑战 2：找到神秘旅客

在大运河百景图上，还有一些神秘旅客，不知你有没有发现他们的踪影？

→
翻开这里，查看答案

参考资料

隐藏人物

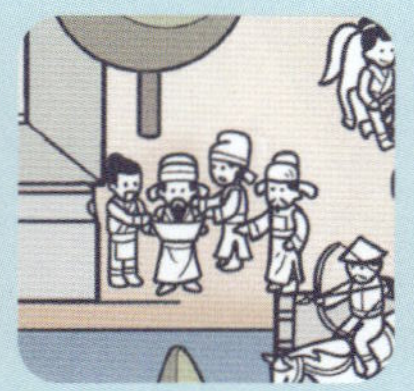

❶ 站在万宁桥上的忽必烈

❷ 和百官共建通惠河的郭守敬

❸ 正在四处张望的马戛尔尼使团

❹ 因为生病而停泊的苏禄国王

❺ 入京朝贡的日本僧侣策彦周良

❻ 沿河北上回朝鲜的崔溥

❼ 记录运河一路风景的王世贞和张复

❽ 在陆路沿河被押解的文天祥

❾ 不慎落水的明朝皇帝朱厚照

❿ 簪花饮酒的四名北宋未来丞相

一路到杭州都能看到他的身影

⓫ 沿运河一路南逃的宋高宗

⓬ 畅游扬州的杜甫和刘禹锡

⓭ 鉴真与阿倍仲麻吕一同东渡

⓮ 一位收到梅尧臣的送别诗的书生

⓯ 带着使命北上的范成大

⓰ 带领市民开凿山塘河的白居易

⓱ 在太湖四处游历的徐霞客

⓲ 饮酒作诗的李白

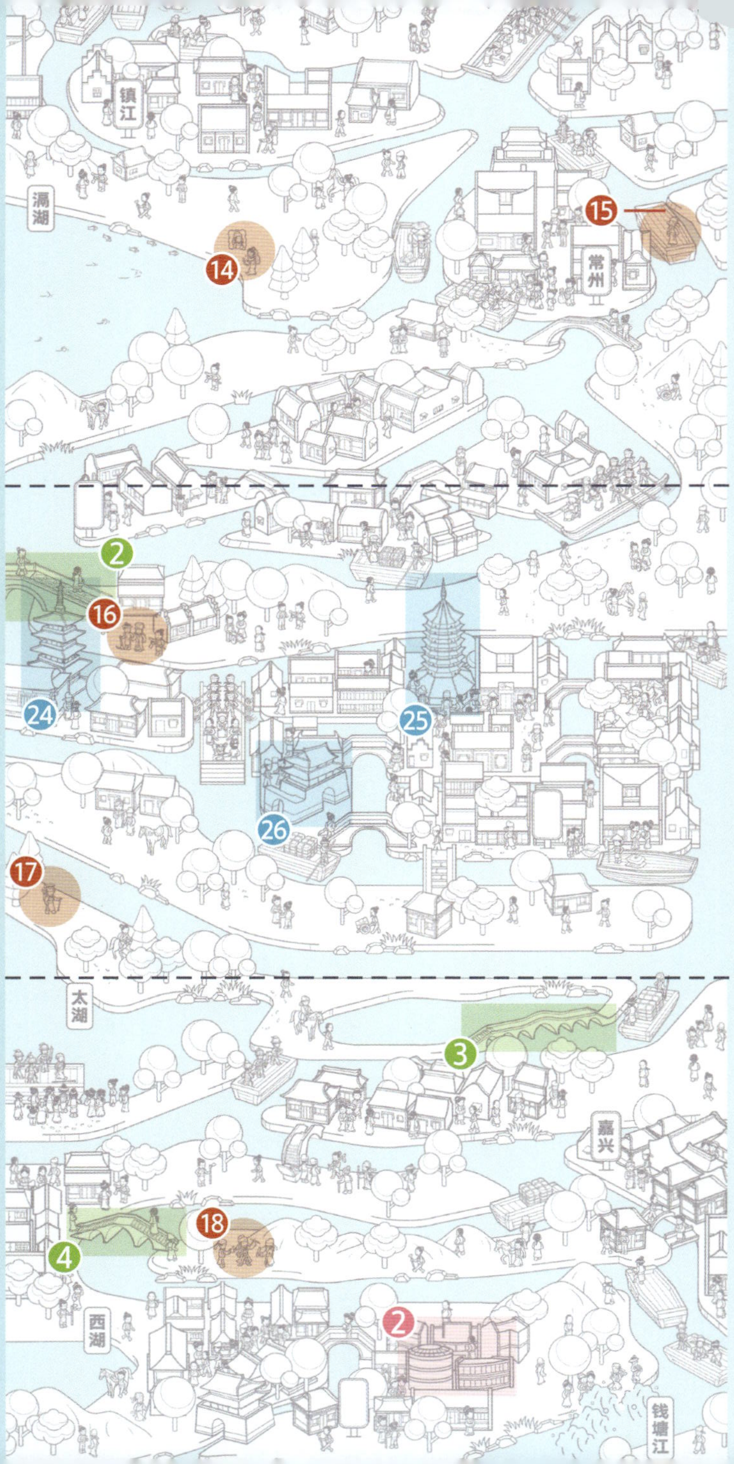

水工设施

大坝为灰土加糯米浆逐层夯筑而成，因此也被称为“糯米大坝”

❶ 沧州东光县谢家坝

❷ 衡水景县华家口夯土险工

❸ 淮安清江大闸

❹ 淮安双金闸

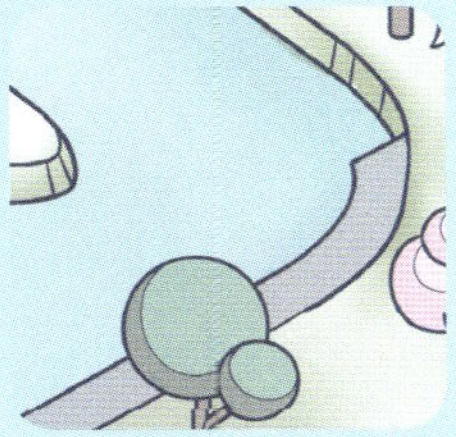

❺ 淮安洪泽湖大堤

相关博物馆

❶ 北京郭守敬纪念馆

❷ 杭州京杭大运河博物馆

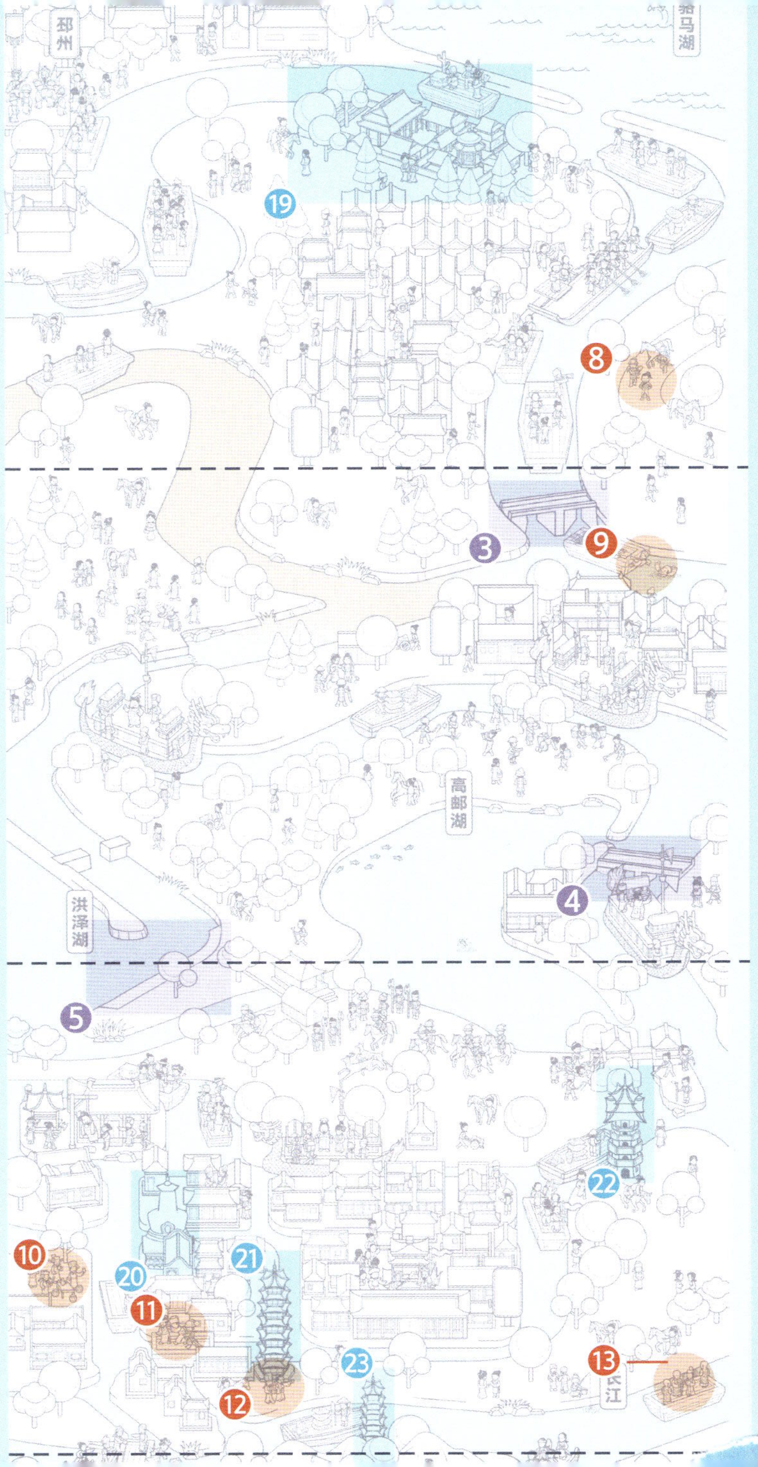

一 书籍

安作璋. 中国运河文化史[M]. 山东：山东教育出版社，2001.
蔡蕃. 北京古运河与城市供水研究[M]. 北京：北京出版社，1987.
蔡蕃. 京杭大运河水利工程[M]. 北京：电子工业出版社，2014.
陈峰. 漕运与古代社会[M]. 陕西：陕西人民教育出版社，2000.
陈鸿彝. 中华交通史话[M]. 北京：中华书局，2013.
陈守成. 宋朝汴河船[M]. 上海：上海书店出版社，2010.
褚绍唐. 徐霞客旅行路线考察图集[M]. 北京：中国地图出版社，1991.
侯仁之. 北京城的生命印记[M]. 北京：三联书店，2009.
侯仁之. 北平历史地理[M]. 邓辉，申雨平，毛怡，译. 北京：外语教学与研究出版社，2013.
江太新，苏金玉. 漕运史话[M]. 北京：社会科学文献出版社，2011.
姜师立. 活在大运河：大运河如何影响老百姓的生活[M]. 北京：中国地图出版社，2021.
刘文淇. 扬州水道记[M]. 扬州：广陵书社，2011.
罗哲文. 长城史话[M]. 北京：北京出版社，2018.
吕娟. 中国运河志 · 河道工程与管理[M]. 江苏：江苏凤凰科学技术出版社，2019.
吕宗力. 中国历代官制大辞典（修订版）[M]. 北京：北京商务印书馆，2015.
毛锋，吴永兴，李喜佳. 京杭大运河开凿与变迁[M]. 北京：电子工业出版社，2014.
潜说友. 咸淳临安志[M]. 浙江：浙江古籍出版社，2012.
山西大学历史系中国古代史教研室. 中国历史大系表. 山西：山西人民出版社，2001.
单霁翔. 大运河漂来紫禁城[M]. 北京：中国大百科全书出版社，2020.
史念海. 中国的运河[M]. 山东：山东人民出版社，2022.
谭其骧. 中国历史地图集（全八册）[M]. 北京：中国地图出版社，1982.
佟东，马雨晴. 京杭大运河上的古城古镇[M]. 北京：研究出版社，2022.
王水照，崔铭. 苏轼传[M]. 北京：人民文学出版社，2019.
王煜，叶冲. 中国古船录[M]. 上海：上海交通大学出版社，2020.
吴滔. 中国运河志 · 城镇[M]. 江苏：江苏凤凰科学技术出版社，2019.
席龙飞，杨熹，唐锡仁. 中国科学技术史 交通卷[M]. 北京：科学出版社，2017.
荀德麟，刘志平，李想 等. 京杭大运河非物质文化遗产[M]. 北京：电子工业出版社，2014.
姚汉源. 京杭运河史[M]. 北京：中国水利水电出版社，1998.
尤飞君. 中国古船图鉴[M]. 浙江：宁波出版社，1970.
张春华. 扬州地区住宅的发展脉络研究[M]. 江苏：东南大学出版社，2011.
张强. 中国运河与漕运研究 · 元明清卷[M]. 陕西：世界图书出版西安有限公司，2021.
张士闪. 中国运河志 · 社会文化[M]. 江苏：江苏凤凰科学技术出版社，2019.
中国公路交通史编审委员会. 中国古代道路交通史[M]. 北京：人民交通出版社，1994.
中国人民革命军事博物馆. 中国战争史地图集[M]. 北京：星球地图出版社，2007.
中国文化遗产研究院，邹逸麟. 中国运河志 · 附编[M]. 江苏：江苏凤凰科学技术出版社，2019.
周魁一. 中国科学技术史 · 水利卷[M]. 北京：科学出版社，2002.
邹逸麟，李泉. 中国运河志 · 总述 · 大事记[M]. 江苏：江苏凤凰科学技术出版社，2019.

二 论文

鲍晓君，吕镄. 大运河影响下的元代戏曲语言“南北交融”现象[J]. 文教资料，2019.
蔡蕃，裴玉娜. 中国大运河水利工程概论[J]. 运河学研究，2018.
常浩. 京杭运河船型标准化研究[D]. 大连海事大学，2004.
陈峰. 简论宋明清漕运中私货贩运及贸易[J]. 中国经济史研究，1996.
陈峰. 试论唐宋时期漕运的沿革与变迁[J]. 中国经济史研究，1999.
陈学文. 畅达的明代水陆交通与商品流通的发展[J]. 驻马店师专学报（社会科学版），1990.
陈宇. 隋唐大运河沿线转运仓分布格局研究[D]. 郑州大学，2019.
陈宇. 隋唐大运河沿线转运仓分布格局研究[D]. 郑州大学，2019.
陈远. 王世贞的《水程图》与明代大运河之旅[D]. 中国美术学院，2019.
程宏亮，叶永胜. 李白行旅与大运河江苏段考述[J]. 盐城师范学院学报（人文社会科学版），2016.
董宇婷. 明清小说中的“大运河书写”及其文化的传承[D]. 天津师范大学，2021.
窦萍. 浅谈运河对吴越国贡茶运输的意义[J]. 农业考古，2010.
杜思源. 浙东古桥的美学价值探究——以绍兴古桥为例[J]. 文化创新比较研究，2021.

葛奇峰. 大运河开封段考古调查与勘探简报[J]. 运河学研究，2019.
官士刚. 宋代运河水闸的考古学观察[J]. 运河学研究，2019.
郝宝平. 明清时期大运河淮扬段治水工程研究[D]. 江苏科技大学，2022.
何峰. 康乾南巡运河水路御道研究[J]. 江南大学学报（人文社会科学版），2023.
何鑫. 北宋汴京城市水系营建研究[D]. 西安建筑科技大学，2020.
贾珺. 举头见额忆西湖，此时谁不道钱塘——圆明园中的仿西湖十景[J]. 紫禁城，2006.
金戈. 中国古代战争与水(一)[J]. 海河水利，2004.
金戈. 中国古代战争与水(二)[J]. 海河水利，2004.
景萌. 大运河北京段古桥研究[D]. 北京建筑大学，2018.
匡清清. 中国大运河中的桥梁文化探究[J]. 文化产业，2022.
李德楠. 从海洋走向运河：明代漕运方式的嬗变[J]. 聊城大学学报（社会科学版），2012.
李俊丽. 天津漕运研究（1368 ～1840）[D]. 南开大学，2011.
李倩. 苏北沿运地区近代基督教建筑遗产与大运河的关系[D]. 东南大学，2013.
李泉，李芹. 明代的宫廷运输与运河交通[J]. 故宫学刊，2010.
李松杰. 水系、商路与中国器物文化对外传播——以景德镇陶瓷器物文化传播为例[J]. 内蒙古艺术学院学报，2018.
李旭. 元大都水系与水工建筑物规画研究[D]. 北京工业大学，2016.
李莹，李津莉. 从运河历史变迁看天津多元文化[C]. 中国城市规划学会. 多元与包容——2012 中国城市规划年会论文集（12. 城市文化），2012.
刘九伟. 漕运与运河沿岸制造业的发展[J]. 淮阴工学院学报，2017.
马俊. 交通网络演进：过程与机制研究[D]. 北京交通大学，2011.
马婷婷. 水上“唐诗之路”研究[D]. 延边大学，2011.
钱升华，邵波. 大运河天津段历史文化遗产保护利用探析[J]. 城市，2021.
乔娜. 清口枢纽水工遗产保护研究[D]. 西安建筑科技大学，2012.
任天晓. 元代运河诗研究[D]. 浙江师范大学，2021.
生力刚. 唐代扬州交通与诗歌创作研究[D]. 广西师范大学，2012.
宋伯存. 区域协作发展视角下沧州大运河历史文化的保护和传承研究[J]. 农村经济与科技，2021.
孙津. 海河与天津城市形态演进关系研究[D]. 北京林业大学，2020.
孙清玲. 明清时期中琉友好关系遗存考[D]. 福建师范大学，2005.
孙雪. 明清时期北京地区皇木厂研究[D]. 北京林业大学，2021.
谭徐明，于冰，王英华 等. 京杭大运河遗产的特性与核心构成[J]. 水利学报，2009.
万鲁建. 大运河与天津饮食初探[J]. 关东学刊，2020.
汪艳. 水网格局影响下的大运河- 长江三角洲地区历史城镇发展与变迁[D]. 东南大学，2019.
王冠龙. 南北文化的碰撞与融合——济宁运河区域非物质文化遗产研究[J]. 中国文艺家，2020.
王乐琼. 由“徽班进京”文化现象探讨运河文化中京津冀戏曲艺术在传承和发展中的重要作用[J]. 中国文艺家，2020
王羽坚，王思明. 流动的经济贸易：明清大运河漕运与南北农业特产交流[J]. 古今农业，2022.
乌再荣. 基于“文化基因”视角的苏州古代城市空间研究[D]. 南京大学，2009.
吴建，王卫平. 选择与写仿：康乾南巡与江南景观的互动[J]. 江海学刊，2018.
吴琦. 漕运与民间组织探析[J]. 华中师范大学学报：哲学社会科学版，1997.
许檀. 明清时期运河的商品流通[J]. 历史档案，1992.
薛瑞泽，王彦霖. 隋唐大运河所运物品与南北经济交流[J]. 河南社会科学，2018.
杨菁，杨文艳，张亮. 从天一阁到四库七阁——藏书楼“营建范式”的不同再现[J]. 城市环境设计，2023.
杨文武，邓翔云. 京剧和徽剧[J]. 中国京剧，1992.
杨晓新. 大运河的语言“印记”——运河方言特征带初论[J]. 濮阳职业技术学院学报，2015.
俞菁. 大运河上的苏州古桥[J]. 档案与建设，2019.
张犇. 江苏段运河沿岸民间工艺美术南北差异性分析[J]. 民族艺术研究，2013.
张超，田林. 大运河山东段古桥拱券构造特征及尺度对比研究[J]. 古建园林技术，2019.
张聪聪. 北宋汴河与诗歌研究[D]. 河北师范大学，2018.
张代亲. 南宋范成大使金研究[D]. 东吴大学，2012.
李菁. 解读运河[D]. 厦门大学，2002.
张骏杰. 明清鲥贡制度变迁研究[D]. 江西师范大学，2016.
张梦琪. 清代运河行记研究[D]. 宁夏大学，2018.
张敏娜，刘志平. 唐代诗人李白运河之旅探究[J]. 旅游纵览（下半月），2014.
张帅. 清末（1840-1912）天津城市防御体系的布局与演变[D]. 天津大学，2022.
张婷瑜 . 隋唐洛阳含嘉仓遗址复原研究[D]. 西安建筑科技大学，2017.

张维，忻琳，黄钟. 通州三庙一塔文物保护范围调整刍议[J]. 北京规划建设，2022.
张小军. 论宋代京口澳闸系统的地位[J]. 镇江高专学报，2021.
张阳，郑伟. 明代大运河沧州段水驿考述[J]. 沧州师范学院学报，2022.
赵冰. 长江流域: 苏州城市空间营造[J]. 华中建筑，2011.
赵冬蕾. 明清时期关中瓷业繁盛原因研究[D]. 陕西师范大学，2020.
郑连第. 唐宋船闸初探[J]. 水利学报，1981.
郑永华. 试论通州运河与元代以来的南北文化交流[J]. 北京史学论丛，2017.
钟行明. 元明清时期大运河管理制度及其建筑[D]. 东南大学，2012.
朱强，王钰. 乾隆时期清漪园和圆明园写仿寄畅园现象新探[C]. 中国建筑学会建筑史学分会，北京工业大学. 2019 年中国建筑学会建筑史学分会年会暨学术研讨会论文集（上）. 北京林业大学园林学院; 北京林业大学三山五园研究团队，2019.
朱芋静. 扬州城市空间营造研究[D]. 武汉大学，2015.
朱喆. 扬州古代工艺美术研究[D]. 苏州大学，2014.
宗世昊. 明清时期京杭大运河镇水兽的形象溯源与流变[J]. 艺术与民俗，2022.

三 网络资源

地图书：大运河遗产. https://www.ditushu.com/book/78/
工程建设与设计杂志.【经典工程】世界四大国际运河工程. https://mp.weixin.qq.com/s? biz=MzA3ODI4MjYyOA==&m id=200768327&idx=1&sn=e9501000f244c7659486bca98a3f2aa6&chksm=1146f1ac263178bac865a36bd206a1f47046 a141d8f53e0a00f8445747c71b51ab84bb75a086&scene=27
京杭大运河京冀段实现通航. https://news.cctv.com/2022/06/24/ARTI5UScGrVkjAcTlTKYSlXY220624.shtml
开矿榷税：万历弊政的因果和是非. https://cti.ctax.org.cn/xsyj3/sssx3/201908/t20190814_1089818.shtml
亮出万宁桥：京杭大运河上第一桥. https://www.chinanews.com.cn/cul/2022/03-17/9704044.shtml
利玛窦的两次运河之旅. https://www.wochmoc.org.cn/contents/29/835.html
乾隆南巡图卷. https://old.shuge.org/ebook/nan-xun-tu-juan/
时间线：申遗大事记. https://canalmuseum.net/archive/5baf42c22218922a7e/5c6d89d7d0bcd9d954/
数字中国 · 大运河. https://www.shuziyunhe.com
苏州桃花坞，大运河年画带的南方重镇. https://news.sina.com.cn/o/2018-04-13/doc-ifyuwqfa0105286.shtml
天津的三道城墙与城门. https://zhuanlan.zhihu.com/p/382034139
天津地名考“　　减河”与“引河”. https://news.sina.com.cn/c/2004-01-10/00492591081.shtml
天津运河漕运往事. https://new.qq.com/rain/a/20220704A034XX00
图片：早期国外影像资料. https://digitalcollections.library.harvard.edu/catalog/8001563185_URN-3:FHCL:35115536 https://old.shuge.org/ebook/ein-tagebuch-in-bildern/
吴地是丝绸之路的重要原发地. http://www.wxrb.com/doc/2020/06/18/14980.shtml
虚拟展厅：运河上的舟楫. https://audio.taoart.com/fullview/zgdyh/11/
杨柳青年画——在濒危与繁盛间跋涉. https://www.gmw.cn/01gmrb/2008-02/15/content_734751.htm
营建北京城. https://www.bjskpj.cn/skqtzt-zskz/16762-2021-09-28-06-51-41
元史 · 志 · 卷十七. 古诗文网. https://so.gushiwen.cn/guwen/bookv_46653FD803893E4F8B4CCCEDC46F1FDE.aspx
运河分类. https://dreamcivil.com/types-of-canal/
中国古代官制演变. https://www.bilibili.com/video/BV1Bt4y1V77U
洛阳市大运河遗产保护规划（2011-2030）. https://www.stdyhwhbwg.com/#/resultDetail/177
中国戏曲网. http://www.zhongguoxiqu.cn/h-nd-2944.html
《南旺分水枢纽示意图》和《戴村坝平面图》，“引汶济运”词条，《中国大百科全书 · 工学 · 水利工程 · 水利史 · 中国水利史 · 中国运河史》. https://www.zgbk.com/
CCTV-4，《远方的家》第20201228 期，大运河（46）南旺枢纽运河水脊. https://tv.cctv.cn/2020/12/28/VIDEMrfrQj22O2bxVdUra3ss201228.shtml
CCTV-10，《地理 · 中国》第20210507 期，千年奇渠 上. https://tv.cctv.com/2021/05/07/VIDEnJvq5VZf3lO1RaxOMDrP210507.shtml
CCTV-10，《探索 · 发现》蓄清刷黄 束水攻沙. https://tv.cctv.com/2019/11/30/VIDEgnTntWUY8dySsFkxBU07191130.shtml
Canals in India. https://www.mapsofindia.com/maps/india/canals.htm
Important Canals in India–UPSC. https://lotusarise.com/important-canals-in-india-upsc/
Narmada Main Canal. https://www.sardarsarovardam.org/

canal-network.aspx
Ports and Waterways–UPSC. https://lotusarise.com/ports-and-waterways-upsc/
TOP 15 navigable canals important for shipping and maritime logistics. https://marine-digital.com/article_top_15_canals
World's Longest Canals (Artificial Rivers). https://www.worldlistmania.com/longest-canals-artificial-river-world/

四 其它

北京郭守敬纪念馆：浮瓮山河路线推定示意图.
大运河遗产保护规划——北京段.
海宁大运河（长安闸）遗产展示馆：堰埭模型.
淮安城市附近图，1908.
淮阴县城市图，1947.
钱塘江沿岸图，1809.
清 · 康有为. 康有为政论集.
实测杭州西湖图. 上海商务印书馆，1929.
宋 · 陆游. 入蜀记.
宋 · 张方平. 乐全集 卷23 论京师储军事.
唐 · 皮日休. 汴河怀古.
唐 · 李敬芳. 汴河直进船.
唐 · 李吉甫. 元和郡县图志.
天津城厢保甲全图，1899.
天津地图，1903.
天津府外郭图，1899.
兴安县博物馆：灵渠、陡门与陡军相关视频.
浙江省垣水利全图，1874.
Case Study of Narmada Main Canal Based Drinking Water Supply Project.
The International Canal Monuments List.

作者简介

帝都绘工作室成立于 2016 年 5 月，是一个年轻的根植于北京的设计创意团队，致力于与城市有关的研究、设计和文化传播。工作室项目涵盖信息可视化设计、城市研究、空间设计、绘本制作及城市科普教育等多个领域。帝都绘希望通过信息设计探究并讲解城市与建筑，让更多人认识并了解自己生活的地方。

参与本书策划、设计和绘制的同人：
李明扬、卓嘉琪、王涵、张珽、苏清商、张佳林、董睿琪、朱胤多、沈相宜、李瑞、张敬雯、李笑涵、彭元麓、周宇恒、多敬岚、王燕黎、朱继威、宋壮壮。

帝都绘

公众号：diduhuiBJ
扫描公众号二维码
可关注我们的更多作品

致谢

《大运河》在知识内容和呈现形式上都是一次新的尝试。在创作过程中我们虽然遇到了不少困难与挑战，但却得到了多方支援，在此特向所有支持者表达诚挚的谢意。没有你们，本书难以当前的面貌问世。

在知识的获取方面，得到了专业研究者们的指导与协助，我们才得以更深入、更全面地理解大运河。在策划之初，专家陈怡分享了许多关于大运河的知识和见解，为本书的实现提出了许多建议，并提供了大量关于大运河的书籍和资料，还在设计过程中及时解答我们的疑问。感谢沈旸教授对苏州和扬州城市发展脉络的深入解读，以及朗烨程博士提供的扬州原始地图，帮我们克服了对南方地区了解有限、资料不足的困难。

最后，感谢负责本书出版的中国国家地理·图书团队，特别是本书的策划编辑乔琦和地图编辑程远。编辑团队工作细致耐心，对各类地图的绘制进行精心指导，我们无数次的沟通与尝试，是本书从构想到最终出版的每一步都得以顺利实现的坚实后盾。

帝都绘工作室

图书在版编目（CIP）数据

大运河：发现、传承流动的文化 / 帝都绘工作室著.
北京：北京联合出版公司, 2025.1. -- ISBN 978-7
-5596-8072-3

Ⅰ. K928.42

中国国家版本馆CIP数据核字第2024MC6418号

审图号：GS京（2024）1969号

大运河 · 发现、传承流动的文化

作　　者：帝都绘工作室
出 品 人：赵红仕
策　　划：北京地理全景知识产权管理有限责任公司
策划编辑：乔　琦　董佳佳　邢晓琳
责任编辑：张　萌
特约编辑：陈　莹
地图编辑：程　远　彭　聪
营销编辑：王思宇　沈晓雯
装帧设计：何　睦
特约印制：焦文献
制　　版：北京美光设计制版有限公司

北京联合出版公司出版
（北京市西城区德外大街83号楼9层 100088）
北京联合天畅文化传播公司发行
北京华联印刷有限公司印刷 新华书店经销
字数：135千字 889毫米×1194毫米 1/16 印张：6.5
2025年1月第1版 2025年1月第1次印刷
ISBN 978-7-5596-8072-3
定价：128.00元
